아픈 학교 슬픈 아이들

아픈 학교 슬픈 아이들

상담선생님이 전하는 아이들의 심리에세이

초 판 1쇄 2024년 09월 25일

지은이 유연이
펴낸이 류종렬

펴낸곳 미다스북스
본부장 임종익
편집장 이다경, 김가영
디자인 윤가희, 임인영
책임진행 김요섭, 이예나, 안채원

등록 2001년 3월 21일 제2001-000040호
주소 서울시 마포구 양화로 133 서교타워 711호
전화 02) 322-7802~3
팩스 02) 6007-1845
블로그 http://blog.naver.com/midasbooks
전자주소 midasbooks@hanmail.net
페이스북 https://www.facebook.com/midasbooks425
인스타그램 https://www.instagram.com/midasbooks

ⓒ 유연이, 미다스북스 2024, *Printed in Korea*.

ISBN 979-11-6910-814-0 03810

값 19,500원

※ 파본은 본사나 구입하신 서점에서 교환해드립니다.
※ 이 책에 실린 모든 콘텐츠는 미다스북스가 저작권자와의 계약에 따라 발행한 것이므로 인용하시거나 참고하실 경우 반드시 본사의 허락을 받으셔야 합니다.

미다스북스는 다음세대에게 필요한 지혜와 교양을 생각합니다.

상담선생님이 전하는 아이들의 심리에세이

아픈 학교 슬픈 아이들

유연이 지음

미다스북스

프롤로그

"학교?" 변해야죠.
"어떻게?" 잘 모르겠어요.

그렇지만… 꿈꾸어 봅니다.
아이들이 꿈을 이루어 가는 곳,
순수한 열정을 맘껏 드러낼 수 있는 곳,
서툰 사랑이 잘 전달되는 곳,
학생과 선생님이 서로를 환영하고 존중하며 평화가 넘치는 곳.
언젠가는… 그런 학교에서 함께할 날이 있겠죠.

딱 3년만 학교에서 상담하자 결심했었는데 어느새 10년이 넘었습니다. 10년 전과 달라진 것은 무엇일까 생각해보니 정신의학과 치료를 받는 아이들, 학교를 떠나는 아이들이 늘어났고, 생활지도가 어려운 아이들이 많아졌다는 것이 눈에 띄네요. 그러나 해결되지 않는, 해결할 수 없는, 삶의 어려움 가운데서도 묵묵히 자기 꿈을 위해 오늘을 견뎌내는 아이들이 있습니다. 그 노력들이 변화의 줄기인 것 같아 기쁘기도 합니다.

건강한 양육자, 건강한 어른 한 명이 아이 곁에 있으면 건강한 성장이 가능하다는 것을 알게 되었습니다. 마음이 건강하다는 것은 순간순간 내면에서 일어나는 감정을 알아차리고, 그 감정을 상황에 맞게 잘 표현해내는 것입니다. 자신의 감정이 온전히 수용되는 환경을 만들어 주는 것은 우리 어른들의 몫입니다.

감정수용을 받은 아이들은 다른 사람을 수용할 줄 알게 되며, 공동체 안에서 존중의 관계 기술을 잘 발휘합니다. 다양한 기질의 사람들과 다양한 문제의 상황에서도 중심을 잃지 않습니다. 그렇게 건강한 아이 곁에는 건강한 어른이 있었습니다. 사람을 존중하는 경험은 존중받은 아이들만이 할 수 있는 유일한 행위로 보입니다.

대안이 또 가족인 거야? '그런 뻔한 것 말고 좀 신박한 걸 말해줘봐.'라고 스스로에게 질문하지만 뾰족한 수가 떠오르질 않습니다. 다만, 힘든 아이들을 위해 건강한 어른으로 잘살아갈 수 있도록 적극적으로 돕는 사회를 꿈꾸어 봅니다. 아이들이 행복한 미래를 만들기 위해서 어른들이 행복해야 한다는 것을 알고 있지만, 그 길을 위해 많은 분들이 앞서 걸었지만, 왜 아직도 갈 길은 멀게만 느껴지는지요.

 똑똑한 어른들이 만들어 놓은 IT강국 대한민국이 아니고, 지혜로운 어른들이 만들어 주는 자연 상태의 대한민국에서 나무랑 이야기하고 새 소리도 듣고, 가끔은 토끼를 잡으러 산속을 뛰어다닐 수 있는 교육 환경을 만들어 준다면 점점 깊어지는 정신과 질환을 끊고 청소년다운 삶을 살 수 있지 않을까 생각해봅니다. 솔직히 이 아이들이 중심이 되는 사회를 생각하면 머릿속이 하얘질 때가 자주 있습니다. 혼자 있고 싶다고, 내버려 두라고, 큰소리치는 아이들의 마음은 '같이 있어 주세요'를 외치는 깊은 슬픔과 아픔의 절규입니다. 그런 아이들의 마음을 나누고 싶었습니다.

 몇 해 전, 미얀마 심리학 강의를 위해 동행한 동화작가 진형민 선생님께 심리 동화를 쓰고 싶다는 생각을 말했을 때 용기를 주셨습니다. 그 힘으로 한 자 한 자 적어 본 것이 이렇게 책이 되었네요. 이야기는 모두 재구성하였고 몇 개의 이야기는 당사자의 허락을 받았습니다.

고마운 마음을 전합니다. 또한, 학교 상담 현장에서 늘 위로가 되어주는 선생님들, 저의 행복을 위하여 기도로 함께 해 주시는 많은 분들과 나의 친구들, 30년 전의 인연이 글쓰기 동무가 되고, 추천사로 응원해 주신 고석근 선생님과, 나순희 선생님, 흔쾌히 책으로 엮어주신 미다스북스 출판사 식구들, 특별히 임종익 본부장님과, 김요섭 편집자님께 감사드립니다. 선한 영향력으로 빛나는 미래를 꿈꾸는 멋쟁이 지후, 나의 하늘님, 모든 만남이 저에게는 축복입니다.

선물처럼 주신 호흡으로 오늘을 살아가는 동안 이웃을 돕는 마음을 잊지 않고 살아가도록, 아이들에게는 따뜻한 어른으로 기억되도록, 늘 기쁘게 살아내겠습니다.

감사합니다.

2024. 9. 유연이

목차

프롤로그   004

1부 이제는 혼자 할 수 있어요
: 초등학생 이야기

용기 없는 내가 싫어요   015
내가 결정할 수 없어요   018
슬픈 일은 집에서 생겨요   020
오줌을 쌌어요   022
엄마가 혼나는 게 싫어요   024
나는 항상 대화를 기다려요   026
차라리 로봇이었으면 좋겠어요   029
짝의 손등을 꽉 물어버렸어요   031
나도 모르게 손가락을 빨아요   033
아빠가 학교 운영위원이래요   035
선생님 가슴이 진짜 궁금했어요   037
회식이 없어지게 해주세요   038
치킨이라는 말만 들어도 토할 것 같아요   040
참 나쁜 딸이죠?   043
혼자 일어나서 학교에 가야 해요   045
할머니 말을 잘 들어서 엄마가 못 오시나봐요   047

엄마가 보고 싶어서 훔쳤어요 049
사실은 아빠가 보고 싶어요 051
누나 사춘기에 내 등이 휘어요 053
나는 형의 심부름꾼이에요 055
다음 생에는 내가 형으로 태어날 거예요 057
눈치는 어디서 배울 수 있을까요 059
모두 다 쩔쩔매요 062
혼나는 게 너무 힘들어요 064
내 맘을 알아주면 야채도 잘 먹어요 065
엄마 손은 따뜻해요 067
잔소리, 듣고 싶어요 069
바쁜 엄마 뒷모습을 보며 혼자 먹어요 071
우리 집은 각자 알아서 밥을 먹어요 073
숨 쉬는 언덕에 가야 울지 않을 수 있어요 075
꼭 바보가 된 것 같아요 078
엄마는 어쩌죠? 080
여자는 절대 살찌면 안 된대요 081
비난하는 엄마 말이 더 아파요 083
엄마가 울까 봐 잘 참아요 085
할머니 유골함에 내 이름이 없어요 093
큰엄마가 좀 이상해요 097

상담 선생님이 전하는 아이들의 진짜 속마음

나의 오지랖 101
부모가 이혼하지 못하는 이유 110

2부 더 이상 어린이가 아니에요
: 중학생 이야기

돈이 많았으면 좋겠어요　121
저에게도 사생활이 있답니다　122
엄마가 너무 창피해요　124
진짜 속마음은 말하지 않기로 했어요　127
영이 맑아지는 노래만 들어야 해요　129
아빠 엄마잖아요　130
나도 공부를 잘하고 싶어요　132
아빠가 망쳐버렸어요　134
왜, 나만으로 안 되는 거예요　135
꼴 보기 싫어 죽겠어요　137
비밀연애를 말할 순 없어요　138
질투는 우정보다 힘이 세요　140
친구를 위해서라면　142
엄마가 없어졌어요　144

상담 선생님이 전하는 아이들의 진짜 속마음

아무런 힘이 되지 못한 학교　157
녹음해도 되겠습니까?　165
모두에게 인정받고 싶은 마음　173

3부 내 인생이에요, 알아서 할게요
: 고등학생 이야기

선생님은 니체를 아세요? 183
보고 싶어서 그랬어요 188
힘없는 아빠를 보는 건 너무 힘들어요 190
학교 공부는 재미없어요 192
나도 일류대학에 가야 해요 194
영재반, 내가 없어졌어요 196
종교의 자유를 주세요 198
나도 한국 사람이고 싶어요 200
잘 아는 사람이 내 몸을 삼켜버렸어요 202
소리 내지 말고 가만히 있으래요 203
짐승같이 싸워야 속이 시원해져요 204
엄마 우울증 약은 내가 챙겨요 205
사랑하는 방법은 참 단순해요 206
5년을 잘 버텼는데 말을 해버렸어요 209

상담 선생님이 전하는 아이들의 진짜 속마음

나비 문신과 판사님 219
둥지 잃은 참새 228
참지만 말고, 하고 싶은 말은 하세요 235
동글이 선생님 243

추천사 – 유연이 선생님의 사랑 노래 251

1부

이제는
혼자 할 수 있어요

: 초등학생 이야기

용기 없는 내가 싫어요

아침을 먹으려고 식탁에 앉았는데
시금치 된장국이 있어요.
나는 한숨만 나와서 그냥 가만히 앉아 있었어요.

예전엔 된장국을 이렇게까지 싫어하지는 않았어요.
우리 반 못된 남학생이
내 친구 급식에 지우개 가루를 몰래 넣었고
아무것도 모르는 내 친구는
그 국을 맛있게 먹는 걸 보기 전까지는요.

그날 이후, 나는 된장국을 절대로 먹지 않아요.
아니 먹을 수가 없어요.
나는 그 못된 남학생에게 그건 나쁜 행동이라고,
친구한테 그러면 안 된다고 말할 용기가 없었고,

내 친구에게는 국에 지우개 가루가 들어 있다고,
먹으면 안 된다고 말할 자신이 없었어요.
그날 이후, 나는 된장국을 먹을 수가 없어요.

엄마가 정성껏 만들었다는 걸 잘 알아요.
그래서 더 맛있게 먹어야 한다는 생각을 해 보지만
도저히 안 되겠어요.
그렇다고 먹을 수 없는 이유를 엄마한테 말할 수도 없어요.
엄마에게 말을 하면 엄마 성격에 분명히
담임 선생님에게 이 사실을 알릴 테고
담임 선생님은 그 못된 녀석에게 사실을 확인할 테고,
그러면 그 못된 녀석은 나를 괴롭힐 게 뻔하니까요.

도저히 안 되겠어요. 먹을 수가 없어요.
숟가락을 내려놓고 식탁에서 일어났어요.
"안 돼! 다 먹기 전까지는 학교 못 가!"

시금치 된장국과의 전쟁은
엄마가 화장대 앞에서 외출 준비를 할 때

싱크대에 슬그머니 흘려버린 후에야 끝이 났어요.

친구에게도

엄마에게도

용기 없는 나의 행동이 참 바보 같다는

생각을 하면서 학교 교문을 들어서니

4교시가 끝나는 종이 울렸어요.

내가 결정할 수 없어요

오늘은 내 생일이에요.
가족과 저녁을 먹고 백화점으로 갔어요.
작년에 입던 옷이 작아졌다며 생일 선물로
옷을 사주겠다고 했거든요.

예쁜 옷들 사이에서 고민하다가
하나를 고를라치면
엄마는 안되는 이유를 말해요
결국 엄마가 고른 옷을 입어 보라 하더니
맘대로 결정하고 계산을 해버렸어요.

그런 생일 선물은 싫어요.

엄마는 늘 이런 식이에요.

밥을 먹을 때도 엄마 맘대로

내 숟가락에 반찬을 막 올려놓거든요.

이제는 나도 달라지기로 했어요

엄마 맘대로 하는 걸 두고 보기로 결정했거든요.

준비물 사러 왔는데 또 맘에 드는 걸로 고르라고 해요.

맘대로 할 거면서 왜 자꾸 고르라고 하는지 모르겠어요.

떨떠름한 표정으로 시큰둥하게 대답했어요.

"몰라, 아무거나… 엄마 마음대로 해."

내가 스스로 생각하고 결정하면 복잡해져요.

혼자 생각하면 안 되는 엄마 딸이거든요.

슬픈 일은 집에서 생겨요

나는 남들과 발가락이 달라요.
발톱이 없거든요.
그러니까 발가락 한 마디가 없는 거예요.
태어날 때부터 그랬대요.

집이 아니면 어느 곳에서도
양말을 벗을 수 없어요.
그래서인지 샌들을 신고
친구들이랑 물놀이 가는 것이 소원이기도 해요.
불편한 것은 없는데
누군가에게 들키지 않을까 불안할 때가 많아요.

잘못한 것도 아닌데
나는 왜 들키지 않으려고 노력하는지 모르겠어요.

다도반 수업 시간에 버선을 갈아 신을 때도 그렇고
수영장에서 체육 수업을 할 때도 그래요.
죄를 지은 것도 아닌데
왜 이렇게 늘 심장이 뛰는지 모르겠어요.
다행히 아직 나를 놀리는 친구는 없어요.

그렇게 꼭꼭 숨기고 있던 발가락을
집에서 들켰어요. 동생이랑 싸우거나
컵을 떨어뜨려 깨지는 날이면
엄마가 알려줘요.
"으이그, 병신 같은 년…."

슬픈 일은 집에서 생겨요.

오줌을 쌌어요

자다가 깜짝 놀라서 깼어요.
꿈속에서 시원하게 오줌을 누고 좋아했는데
진짜로 내 침대가 축축하게 젖어 있는 거예요.
너무 신기하죠?

가끔 이랬어요. 그래서 자기 전에
수박 먹는 건 꿈도 못 꾸고 물도 안 마셨는데….

살금살금 욕실에 가서 수건을 가져다가
꾹꾹 눌러 축축한 오줌을 찍어 내고는
수건 세 장을 겹쳐 깔고 아무 일 없는 듯
옷을 갈아입고 다시 잠들었어요.

엄마는 내가 오줌 싼 거 알면 울어요.

병원에 데려가고 약을 챙겨 먹이고
나를 안으면서 미안하다고 울어요.
엄마가 아픈 동생만 사랑해서
내가 자다가 오줌을 싸는 줄 아시거든요

꿈에서 재밌게 놀다가
시원하게 오줌을 누는건데….
그렇게 우는 엄마가 싫어서
안싸려고 노력하는데….
잘 안돼요

침대를 잘 정리하고 나와서
엄마는 알아채지 못할 거예요.
아마도 이따 잘 때는
지린내 때문에 엄청 힘들거예요

그래도 엄마가 우는 것보다는
냄새를 참는 게 더 나아요.

엄마가 혼나는 게 싫어요

이제 피아노 연습할 시간이에요.
아, 그런데 오늘 친구들이랑
공기놀이를 많이 했더니
새끼손가락이 아파요.
이런 이유로 엄마한테
연습을 안 하고 싶다고 했더니
내 예상대로 엄마는 말했어요.
"저런 많이 아프구나.
그럼 저녁 먹고 손가락이 좀 나아지면 할까?"

깜빡했어요.
넘어야 할 산이 있어요.
나의 모든 것을 감독하시는 분은 할머니거든요.
학원비도 할머니가 내러 오시고,

학습지 선생님이랑 상담도 할머니가 하시고,
담임 선생님과 상담이 있을 때도 할머니가 하시거든요.

아니나 다를까,

할머니는 내 손가락을
이리저리 만져보더니
파스 연고를 발라주시고는
"괜찮아. 연습을 못할 정도로 아픈 건 아니니까
얼른 열 번 치고 저녁 먹자." 하시는 거예요.

그래서 얼른 피아노 앞에 앉았어요.
내가 할머니 말을 듣지 않으면
엄마가 할머니한테 엄청나게 혼나거든요.

나는 엄마가
할머니한테 혼나는 게 싫어요.

나는 항상 대화를 기다려요

엄마는 아파트 정문 앞에서
오래도록 나를 바라보고 있어요.
"곧바로 학교로 가야 돼~ 알았지?
학교로 바로가~~"
엄마 목소리가 멀리서 들리다가 사라졌어요.

보도블록 네모 길을 따라 한 발 한 발 걸어가는데
커다란 개미 한 마리가 내 발 앞을 지나가요.
하마터면 밟을 뻔했어요.
개미도 놀랐는지 천천히 가는 것 같아요.

나는 그 자리에 주저앉아서 개미를 가만히
바라보다가 나뭇가지 하나를 주워들고
개미 엉덩이를 따라가기 시작했어요.

한참을 따라다니다 보니 바닥에 신기한

모양이 그려졌어요. 꼭, 지도 같아요.

우리나라 지도를 완성하면

엄마가 나를 동생처럼 예뻐해 주실까?

상상만 해도 너무 즐거워서 웃음이 났어요.

아, 그런데… 자꾸만….

토끼 꼬리를 만들기 직전에 개미가 말을 안 들어요.

엉덩이를 툭 건드려 보기도 하고 손으로 밀어서

토끼 꼬리 시작 지점에 데려다 놔도

꼭 꼬리 윗부분에서 아래로 내려가질 않고

다른 곳으로 가버려요.

내일은 꼭, 지도 그리기를 성공해 보자고

개미 엉덩이에 대고 말했어요.

지도를 완성하지 못한 게 엄청 아깝지만

시간이 한참 지난 것 같아요.

학교에 도착하니 교문은 한산해요.

분명 담임 선생님이 엄마한테 전화했을 거예요.
엄마는 동생하고 놀아주느라
나하고 얘기할 시간이 거의 없거든요.

그런데 내가 이렇게 지각하는 날에는
아주 많은 얘기를 해요. 물론,
매일 똑같은 얘기라서
귀에 들리는 말이 없긴 하지만
그렇게라도 오랫동안 말을 해주면
나는 참 좋아요.

오늘도 집에 가면 엄마는 내 손을 잡고
아주 오랫동안 이야기를 해주실 거예요.
생각만 해도 신이 나요.

차라리 로봇이었으면 좋겠어요

나는 로봇 같아요.
아니 로봇이었으면 좋겠어요.
그럼 지금처럼 속상하진 않을 테니까요.

오늘도
학교 갔다가,
피아노 학원 갔다가,
태권도 학원 갔다가
영어 학원 갔다가
집에 오니 저녁 6시예요.

집에 오자마자 또 할 일이 많아요.
씻고, 밥 먹고, 학습지는 수학 4장, 국어 4장,
과학 3장, 한자 3장을 해야 해요.

다 끝낼 때까지 나는 아무것도 할 수 없어요.

빨리 끝내고 싶은 마음에

글씨를 성의 없이 쓰거나

글자의 받침이 반듯하지 않으면

엄마는 지우개로 박박 지워버리고는

다시 쓰라고 해요.

그러고 난 후에는 동화책 다섯 권을 읽어야 해요.

동생을 재우는 엄마가 들을 수 있도록

큰 소리로 읽어야 해요.

언젠가 상담센터에서 나보고 난독증이 있다고 했어요.

난독증이 뭔지 잘 모르겠지만 그날 이후부터

정확하고 유창하게 글자를 읽게 될 때까지

반복해서 읽어야 해요.

그렇게 엄마 맘에 들어야 잠을 잘 수 있어요.

나는 차라리 로봇이었으면 좋겠어요.

짝의 손등을 콱 물어버렸어요

내 짝은 꼭 내 동생 같아요.
엄마가 나보다 훨씬 좋아하는
내동생 같아요.
그래서 짝이 싫어요.

이런 내 맘도 모르면서
내 짝은 나를 엄청 챙겨요.
"책을 꺼내라, 펼쳐라,
이 책 아니다, 저 책 꺼내라,
연필을 깎아라, 선을 똑바로 그어라."
자기가 내 엄만 줄 아나 봐요.

오늘 아침에도 밥 먹고 난 후
핸드폰 게임을 하고 있었어요.

그때 엄마 목소리가 들려요

동생은 벌써 양치질 다하고 학교갈 준비도 마쳤는데

너는 오빠가 돼가지구 언제 학교 갈 준비를 다 할거냐며

엄청 혼났거든요.

좀 전에 짝꿍이 내 책을 보더니

"선생님이 줄을 이으라고 한 건 이게 아니잖아~"

그러면서 자기 맘대로 내 책에다 선을 쭉 그어버리는 거예요.

그 순간

"동생 좀 봐라 너는 동생보다도 못하니"라던

엄마 말이 들리는 것 같아서

나도 모르게 짝꿍 머리카락을

확 잡아당겼어요.

손등도 콱 물어버렸어요.

나도 모르게 손가락을 빨아요

갑자기 뒤통수가 번쩍하거나
등짝이 갈라지는 것 같은 통증이 지나간 후에야
'아, 내가 손가락을 빨고 있었구나.'
하고 알게 돼요.

너무 아파 눈물을 찔끔 흘리고 나면
괜히 민망하고 부끄러운 마음에
'아니, 그러니까, 내 손가락을
내가 빠는 건데 왜 이렇게 맞아야 하지?'
그런 생각이 들면서 화가 나요.

오늘은 시험 날
짝이 내 어깨를 툭 치면서
"야, 너." 하고 웃더니

"내 동생도 손가락 빨아서 엄마한테 엄청 혼나는데."

그제야 내가 또 손가락을
빨고 있었다는 걸 알게 됐어요.

시험지가 뒤로 넘어오기 시작했어요.
점점 가까이 오고 있어요.
심장이 쿵쾅거려서 숨쉬기가 힘들어요.

얼굴을 감싸 쥐니 기도하는 손이 되었고
어느새 양손 엄지손가락은… 또….

아빠가 학교 운영위원이래요

나는 잘못한 게 없어요.

내가 막 골대에 골을 넣으려고 하는 순간이었어요.
왜, 갑자기 나타나서 공을 덥석 집어가는 거냐구요!
내가 얼마나 화가 났는데요.

그래도 참고 좋은 말로 다시 가져오라고 했어요.
그런데도 안 가져오고 운동장 끝으로 가더니
거기서 공을 갖고 놀고 있는데 화가 안 나겠어요?

내가 일부러 다리를 부러뜨리려고 한 것도 아니고
공을 안 주려고 잡아당기다 자기가 넘어진 거잖아요.
누가 봐도 걔가 먼저 잘못한 거잖아요.

이번이 처음이 아니라구요. 몇 번이나 참았다구요.

그런데… 무슨… 내가… 왜? 가해자예요.

자기네 아빠가 운영위원이면 아빠가 운영위원인 거죠.

자기네 형이 힘이 세면 형이 힘이 센 거죠.

그게 뭐라구….

왜 맨날 잘못은 자기가 먼저 해놓고

사과는 나만 해야 하는 거냐구요.

사과 안 하면 또 학교폭력위원회가 열린다고 하니까

억지로 한 거예요.

잘 알지도 못하면서….

솔직히 하나도 미안하지 않아요.

선생님 가슴이 진짜 궁금했어요

큰 쉼표 시간이었어요.
도서실에서 인체에 관한 책을 읽고 왔는데
여자 가슴에는 사이즈가 있다고 했어요.
그림도 얼마나 자세히 그려져 있었다고요.

선생님 가슴이 얼른 눈에 들어왔어요.
"선생님은 B컵이에요? C컵이에요?" 하고 물었어요.
나는 진짜 궁금했어요. 그런데 선생님이 화를 내시니까
너무 당황스러웠어요. 친구들이 말했어요.
"그런 건 물어보면 안 되는 거야."

그제야 알았어요.
혼자만 생각했어야 했다는 것을요.

회식이 없어지게 해주세요

대통령님한테
소원을 말할 기회가 있다면
이렇게 말할 거예요.

"우리나라에서 회식이 없어지게 해주세요."

엄마가 회식이 있는 날이면
아빠 기분이 좋지 않거든요.
어쩌다 한번인 엄마 회식 날엔
우리 집이 엉망이에요.

가만히 보면 아빠 회식 날이
엄마 회식 날보다 훨씬 더 많아요.
그런데, 엄마가 회식하고 늦을 때는

큰 소리로 고함을 치면서

아빠가 회식으로 늦을 때는

엄마가 큰 소리로 고함치는 건 안 되는 거래요.

또, 아빠가 자주 새벽에 들어오는 건

당연히 이해해야 하는 거래요.

아빠는 되고 엄마는 안 되는 회식.

회식이

우리나라에서 없어졌으면 좋겠어요.

치킨이라는 말만 들어도 토할 것 같아요

우리 반이 오래달리기 1등 했다고
선생님이 치킨을 사 주셨어요.
치킨이라는 말을 듣고 화장실로 뛰었어요.
얼마나 빨리 뛰었는지 누가 보면
꼭 달리기 선수인 줄 알았을 거예요.

치킨이라는 말만 들어도
토할 것 같은 이유를 말하려면
할아버지 이야기를 해야 해요.

내가 아주 어렸을 적에 돌아가신 할아버지는
씩씩한 경찰이셨대요. 그래서 늘 아빠한테
자신 있게 행동해야 한다며 큰 목소리로 말하게 하고
축구도 시키고, 태권도도 시켰대요.

그런데 아빠는 할아버지 생각과 다르게
몸을 움직이는 것을 아주 싫어했대요.
사람들 앞에 서는 것이 무척 부끄러운 아이였대요.

내가 그런 아빠를 닮았대요.
내 생각을 작은 목소리로 말하는 것도 아빠를 닮았고,
배드민턴을 치기 싫어하는 것도 아빠를 닮았대요.
무엇이든 나는 아빠를 많이 닮았대요.
그래서 아빠가 나를 싫어하는 거래요.

오늘 중간고사가 끝났어요.
친구들과 신나게 게임을 하다가 나온 함성!
그 순간 창문 깨지는 소리와 함께 들려온 고함!
산산이 조각난 부서진 핸드폰!

그제야 아빠가 나를 불렀다는 것을
알아차릴 수 있었어요.
화가 나서 새빨개진 아빠 얼굴은
마치 먹이를 삼키려는 호랑이 같아 보였어요.

이러다 아빠 손에 죽을 수도 있겠구나 생각했어요.

상황을 모르는 할머니가 외출했다가 돌아오면서
치킨을 사 오셨고, 모두 둘러앉아서 치킨을 먹는데
나는 그만 토하고 말았어요. 그때부터 나는
그렇게 좋아하던 치킨을 더 이상 먹을 수 없게 되었어요.

달리기 선수처럼 달려 화장실에 왔으니
친구들은 계속 나를 찾았을 거예요.
그렇다고 치킨을 먹을 수 없다고
친구들에게 말하고 싶지 않아요.
밖이 조용한 걸 보니 모두 집에 갔나 봐요.

시간이 지나면 나아지겠죠.

참 나쁜 딸이죠?

엄마는 퇴근해서 집에 오면

침대에 바로 누워요.

그리고 아침까지 잠을 자요.

이사 온 지 몇 달이 지났는데도

엄마는 계속 잠만 자요.

배가 고플까 봐 죽을 사다 드려 봐도

햄버거를 배달시켜 드려 봐도 소용이 없어요.

그런데 어느 날부터

아무에게도 말할 수 없는 소원이 하나 생겼어요.

잠들어 있는 엄마를 보고 있으면

더욱더 간절해지는 소원이에요.

아빠는 엄마한테만 아주 무서웠어요.

이상하게 엄마한테만 무서웠어요.

내가 보기엔 아주 잘 차려진 밥상인데

뭐가 아빠를 무시했다는 건지 모르겠어요.

순식간에 식탁 위 그릇들이 바닥으로 떨어져

산산조각이 나고 엄마의 절규가 있었던

단 몇 분간의 끔찍한 순간이 지나고 난 후….

더 이상

엄마랑 아빠가 싸우는 일은 일어나지 않게 되었어요.

엄마가 눈물을 흘리지 않아서 좋긴 한데

잠들어 있는 엄마를 보고 있으면

더욱더 간절해지는 소원이에요.

나는 가족들이

다 같이 밥 먹는 날이 있었으면 좋겠어요.

그런 날이 꼭 다시 왔으면 하고 소원해요.

참 나쁜 딸이죠?

혼자 일어나서 학교에 가야 해요

전화 소리에 깜짝 놀라서 일어났어요.
엄마 전화예요.

우리 엄마는
내가 학교에서 돌아오기 전에 일하러 가시고
내가 잠들어 있는 새벽이 되어야만 집으로 돌아오세요.

가끔은 오늘처럼
내가 혼자 일어나서 학교에 가야 해요.

아빠가 없어지고 난 다음부터
엄마는 계속 일만 해요.
그 대신 나에게는 강아지가 생겼어요.
집에서 강아지를 키우는 건

있을 수 없는 일이라고 하시던 엄마가
밤늦게까지 내가 혼자 있어야 하니까
강아지를 데려오셨어요.

강아지가 생긴 건 정말 행운이에요.
강아지가 있어서 혼자라는 생각이 들지 않아요.

아침을 먹어야 해요.
전기 포트에 물을 담고 스위치를 올리면 끝이에요.

아, 컵라면 냄새는 진짜 최고예요.
꼭 엄마 냄새 같아요.

할머니 말을 잘 들어서 엄마가 못 오시나봐요

책가방을 메려고 하는데

"오늘 많이 춥다. 잠바 입어라." 하시길래

"아니에요. 할머니. 저는 더워요. 안 입어도 돼요." 그랬더니

기분이 아주 별로인 듯 나를 쳐다보고 계시는 거예요.

그래서 얼른 할머니가 들고 계신 잠바를 받아 입고 나왔어요.

할머니가 기분이 좋지 않은 날에

내가 할머니 말을 듣지 않으면,

어디에 사는지도 모르는 엄마는

할머니한테 엄청 오래도록 욕을 먹어야 해요.

유치원 수업 준비물로

낙엽을 가져오라고 했던 어느 가을날.

엄마는 유치원 가는 길에 같이 모은

빨갛고 노란 단풍잎이 든 비닐봉지를

내 손에 쥐어주고는

"엄마 오늘 미국 가는 날인 거 알지?

한참 있어야 돌아오니까 할머니 말씀 잘 듣고

공부 열심히 하고 있어야 해."

다른 날보다 더 오랫동안

나를 꼭 안아 주면서 말씀하셨어요.

벌써 7년이 지났는데 엄마는 오시지 않아요.

할머니 말도 잘 듣고 공부도 열심히 하고 있는데

아무리 기다려도 엄마는 오시지 않아요.

아무래도 내가 할머니 말을 너무 잘 들어서

엄마가 못 오시는 것 같아요.

입고 나온 잠바를

경비실 옆 화단에 얌전히 벗어놓았어요.

그래야 엄마가 돌아올 것 같아서요.

엄마가 보고 싶어서 훔쳤어요

집에 들어가는 순간부터 뭔가 모르게

허전하고 외롭다고 해야 하나?

그래서 잠을 잘 때도 베란다 불을 켜 놓고 자요.

그 불빛은 아기였을 때

엄마가 켜 줬던 불빛 같아서 좋거든요.

다섯 살 때였어요.

친척들이 몰려왔어요.

가족들 모두 거실에 둘러앉아

애들은 어떻게 할 거냐며 회의하던 장면이 생각나요.

방문 뒤에 가만히 숨어 있던 나는

엄마를 잃어버리고 착한 새엄마를 만났어요.

그래서 동생도 태어났고요.

착한 동생은 엄마 사랑을 독차지해서 많이 부럽기도 해요.

오늘 친구랑 문구점에 갔어요.
너무나 예쁜 필통을 발견했는데 돈이 모자라는 거예요.
갖고 싶은 마음이 너무 커서 가방에 슬쩍 집어넣고
나오는데 주인아저씨가 가방을 보자고 하는 거예요.
딱 걸렸어요.

아저씨는 아빠한테 전화해서 사실을 알렸고
다음부터 다시는 이런 행동을 하지 않겠다는 약속과
만약, 또 물건을 훔칠 경우
물건값의 열 배를 물어내겠다는 각서를 쓰고서야
그 문구점을 나올 수 있었어요.

아빠한테 혼날 생각을 하니까 좀 끔찍해요.
그래서 집에 오자마자 베란다에 불을 켰어요.
베란다 불을 켜면 엄마랑 같이 있는 것 같거든요.

사실 이건 비밀인데요. 엄마가 보고 싶어지면
물건 훔치는 일이 생겨요. 오늘처럼 말예요.
엄마는 지금도 저 불빛처럼 따뜻할 것 같아요.

사실은 아빠가 보고 싶어요

토요일 오후,
엄마 손 잡고 마트에 가는데
저 앞에서 우리 반 남학생이 걸어오는 거예요.
엄마, 아빠, 여동생, 남학생, 네 식구인가 봐요.
말이 별로 없고 공부도 곧잘 하는, 우리 반에서
유일하게 욕을 쓰지 않는 남학생이에요.

내가 먼저 아는 체하기가 좀 그랬는데
다행히 그 친구가 손을 들어 보이며 웃는 거예요.
나도 손을 들어 보이고는 지나쳐 걸었어요.

한참을 갔을까?
모퉁이를 돌다가 우연히 보게 된
남학생네 가족의 뒷모습이 행복해 보였어요.

순간 너무 부럽다는 생각에
엄마 손을 꽉 잡았어요.

일곱 살 이후로 아빠를 본 적이 없어요.
그래서 아빠가 많이 보고 싶어요.
엄마한테는 아빠가 보고 싶다는 말을
할 수가 없어요. 그렇게 말하면
아빠한테 가라고 할 것만 같아서요.

아빠가 보고 싶긴 하지만, 엄마를 못 보는 건
지금보다 더 슬플 것 같아요.
엄마가 왜 이렇게 손을 꼭 잡느냐며 나를 보셨어요.
활짝 웃으며 대답했어요.

"그냥, 엄마가 좋아서."

누나 사춘기에 내 등이 휘어요

우리 누나는 사춘기래요.
그래서 짜증이 저렇게 많이 나는 거래요.

교복 치마가 너무 짧다고
담임 선생님이 전화하셨대요.
그래서 치마를 다시 사 줬는데
오늘 또 엄마 몰래 길이를 잘랐대요.
치마를 또 자르면 어떡하느냐고 그랬더니
집이 떠나갈 것 같이 내 맘이라고 고함을 치고는
방문을 쾅 닫고 들어가 버렸어요.

화가 난 엄마가 누나 방으로
따라 들어가려고 해도 문이 열리지 않아요.
엄마도 포기가 안 되는지 이번에는

열쇠를 찾아서 열어보지만
문은 열리지 않아요.

이제 고등학생이 된 누나는
엄마보다 힘이 훨씬 더 세졌거든요.

얼굴이 새빨개져서 어쩔 줄 몰라 하는 엄마가
아주 많이 걱정돼요.
엄마랑 누나는 언제까지 이래야만 하는 걸까요?

누나의 사춘기에 내 등이 휠 것만 같아요.

나는 형의 심부름꾼이에요

엄마 아빠가 없는 날이면
"피자 주문해 놨으니까 가서 찾고 콜라도 사 와."
나는 여지없이 형의 심부름꾼이에요.
배달하면 되는데 일부러 가서 가져오라고 해요
열한 살이 된 지금도 나는 별 수 없어요.

피자집에 도착했는데
배가 가라앉았다는 뉴스가 나와요.

제주도로 이사 가던 가족 중
여섯 살 오빠가
자기가 입었던 구명조끼를
다섯 살 동생한테 입혀 주고
빨리 먼저 나가라고 했대요.

그래서 다섯 살 동생이

혼자 남게 되었대요

가족들 모두 없어졌는데

혼자 남게 되었대요.

피자가 나왔다는

주인아저씨 말도 듣지 못하고

멍하니 서 있는데, 아저씨가

등을 두드리면서 피자를 손에 쥐어 주셨어요.

이제는 편의점에 들러 콜라를 사야 해요.

나에게는 명령만 하는 형도 있고요,

내 심부름만 하는 귀여운 여동생도 있어요.

집으로 가는 길

노을 지는 저녁 하늘이 유난히 빨개서

슬퍼요….

다음 생에는 내가 형으로 태어날 거예요

형이 친구들이랑 야구하러 나가면서
자기 게임 점수를 올려놓으라고 했어요.
나도 친구들이랑 게임을 하느라 바쁜데
형 게임을 대신해줄 시간이 어디 있겠어요.

한참이 지났을까?
형이 집으로 돌아왔고,
방에 들어오자마자 게임 점수를 확인하더니
내 말이 말 같지 않냐며
들고 있던 야구방망이를 휘둘렀어요.

체격도 형이랑 비슷해졌고 힘도 세져서
방망이를 탁 잡았는데 손바닥에서 미끄러지면서
얼굴로 떨어졌어요. 코뼈가 부러졌나 봐요.

어찌나 아픈지 진짜 죽을힘을 다해서 소리를 쳤어요.
그런데 아무도 나에게 달려와 주지 않는 거예요.
분명히 집안에는 엄마랑 아빠랑 누나도 있는데 말이에요.

코피가 나자 겁이 난 형이 내 방을 나갔고
그제야 나는 응급실에 갈 수 있었어요.

응급실 가는 길에 형제간에는 그럴 수도 있는 거라고,
원래 형제들끼리는 싸우면서 크는 거라고 말하는 아빠.
형 성격이 원래 저러니까
우리가 참아야 한다고 말하는 엄마.

다음 생에는
내가 형으로 태어날 수 있기를 기도해요.

눈치는 어디서 배울 수 있을까요

내 동생은 참 신기해요.
엄마가 무엇을 원하는지
얼마나 금방 알아채는지 몰라요.
분명히 내 옆에서 컴퓨터 게임을 하고 있었는데
어느새 저녁 밥상에 수저를 놓고 있거든요.
엄마가 저녁 먹자고 부르기도 전인데 말이에요.

나는 그런 눈치가 없어요.
눈치는커녕 밥 먹으라고
몇 번을 불러도 알아듣지 못해서
엄마를 화나게 해요. 오늘처럼 말이에요.

"게임이 그렇게 좋으면 나가서 니 맘대로 하고 살아!"
목소리가 하도 커서 깜짝 놀라 엄마를 본 것뿐인데

"뭘 잘했다고 빤히 쳐다봐! 당장 나가!"
이럴 때는 엄마 눈앞에서 빨리 사라지는 게 나아요.
아니면 계속해서 험악한 상황이
오랫동안 지속되거든요.

밖은 엄청 추워요.
잠바라도 입고 나올 걸 후회했지만 괜찮아요.
우리 동네에는 아주 큰 마트가 있거든요.
쏜살같이 마트로 뛰어가서 시식 코너를
한 바퀴 돌고 음수대에서 물을 마셨어요.
돈을 좀 들고 나왔더라면 PC방에라도 갈 텐데….
엘리베이터 옆 소파에 잠깐 기대앉아 있었던 것 같은데
문 닫을 시간이라는 안내 방송에 잠이 깼어요.

"엄마가 나가라고 한다고 진짜 그렇게 나가면 어떡하니?
엄마는 네가 형이니까 동생한테 모범이 되었으면 하는 바람이 있어.
그런데 게임만 하니까 화가 나서 소리를 질렀네. 아까는 미안해.
그러니까 앞으로는 게임 시간을 좀 줄여보자."

무조건 강요하지 않고, 협조를 요청하는
천사 같은 목소리로 말하는 엄마.
집에 있는 엄마가 그랬으면 좋겠어요.

눈치는 어디서 배울 수 있을까요?

모두 다 쩔쩔매요

화가 나서
누나 가방을 던져 버렸는데
누나가 쩔쩔매요.

화가 나서
친구 얼굴을 손톱으로 확 그었는데
엄마가 학교 와서 쩔쩔매요.

화가 나서
선생님 책상을 확 뒤집어 버렸는데
선생님이 쩔쩔매요.

화가 나서
친구 얼굴에 침을 탁 뱉었는데

친구가 쩔쩔매요.

내 맘대로 했는데
사람들이 쩔쩔매요.

내 맘대로 하면
내 맘대로 할 수 있는
새 세상이 열려요.

혼나는 게 너무 힘들어요

나는 나무가 되고 싶어요.

나는 꽃이 되고 싶어요.

나무가 멋지고 꽃이 예뻐서가 아니에요.

나는 호랑이가 되고 싶어요.

나는 새가 되고 싶어요.

호랑이가 멋지고 새가 예뻐서가 아니에요.

그럼 세수를 안해도

이를 안 닦아도

혼나는 일은 없잖아요.

내 맘을 알아주면 야채도 잘 먹어요

나는 야채가 싫어요.
이 세상에서 야채는 좀 없어졌으면 좋겠어요.
야채도 나를 아주 싫어해서 내 옆에는
절대로, 절대로 안 왔으면 좋겠어요.

김치볶음밥에 희멀건 호박이 듬성듬성 보였어요.
주말에 할머니가 밭에서 따 주신 호박이 분명해요.
"호박만 없었다면 진짜 좋았을 텐데." 하고
말하면서 숟가락을 들었어요
그런데 한 숟가락 먹자마자
쓴맛이 확 올라왔어요
분명히 쓴맛이 맞아요

내 말을 들은 엄마가 난감한 표정으로 한 숟가락 드시더니

"이상하네. 잠깐만, 금방 다시 만들어 줄게."
하시는 거예요.

엄마는 쓱싹쓱싹 볶음밥을 다시 만들어서
계란 옷까지 예쁘게 입히고 케첩 그림까지 그려 주셨어요.
나는 볶음밥을 기다리는 동안 엄마한테 너무 미안했어요.
이번에는 호박이 들어 있어도 그냥 먹을 참이었어요.
그런데 아무리 찾아도 호박이 없어요.

"엄마, 내가 음식 투정을 너무 심하게 한 거 같아요."
나도 모르게 이 말이 저절로 나왔어요.
그 말은 진심이었어요.

그런데 엄마가 이렇게 말씀하시는 거예요.
"아니야, 네가 맛있게 먹는 게 더 중요해."
환하게 웃으시면서 말예요.

엄마 손은 따뜻해요

나는 책상에 앉아 있는 게 너무 힘들어요.
그래서 짝꿍한테 말을 걸었어요.
짝꿍한테 말 거는 걸 언제 보셨는지
선생님이 찡그린 얼굴로 내 이름을 불러요.

조금만 더 오래 참아보려고 해도
수업이 끝나지 않아요. 벌떡 일어나서
벽에 손을 짚고 교실을 한 바퀴 돌았어요.
선생님이 어이없는 표정으로 또 내 이름을 불러요.

자꾸만 친구들 앞에서 내 이름만 부르니까
나도 기분이 점점 나빠져요.
선생님이 내 이름을 부르면 부를수록
나는 더 많이 떠들고

더 많이 돌아다니고 싶어져요.

그래서인지 엄마는 나를 데리고
이 병원 저 병원 돌아다녀요.
가는 곳마다 무슨 AD…H….
오늘도 새로운 병원에 가는 날이에요.
빨리 가자고 늦었다고,
엄마가 내 손을 잡고 뛰어요.

오랜만에 잡아 본 엄마 손은 참 부드러워요.
엄마가 내 손을 잡으니까
내 맘이 얌전해지는 것 같아요.

잔소리, 듣고 싶어요

친구들은 우리 집에서 노는 걸 가장 좋아해요.
엄마 없는 빈집.
엄마가 매일매일 가게 일로 바빠서
집에 있을 시간이 없거든요.
그래서 너무 슬프다고 했더니
친구들이 같이 있어 주겠다며
학교가 끝나면 꼭 우리 집으로 와요.

친구들은 우리 집이 엄청 부자인 줄 알아요.
이번 방학에도 하와이에 다녀왔고
주말에는 호텔에서 보냈거든요.
집에서 밥을 먹은 기억이 가물가물하고
거의 외식이에요.

친구들이 부러워하는 신기한 물건도 많이 있어요.
솔직히 여행은 이제 귀찮은 일이에요.
가끔, 예쁜 오르골을 살 때 말고는 거의 그래요.
네덜란드 위트레흐트에 있는 오르골 박물관
선물 가게에서 사 온, 공주 오르골을 좋아하게 되면서부터
어느 나라를 가든 오르골만 보이면 무조건 사게 되었어요.

엄마랑 같이 있는 시간이 많았으면 좋겠다고 하면
친구들은 아니래요.
밤늦게만 엄마를 만날 수 있어서 엄청 좋은 거래요.
그러면서 또 말해요.
엄마 잔소리를 듣지 않는 것은 행운이라고요.

오르골을 돌려놓고 수다로 바쁜 친구들은
부모님이 안 계신 우리 집에서 노는 걸 가장 좋아하고
나는 부모님이 안 계신 우리 집에서 노는 걸 가장 슬퍼해요.
나는 꿈에서라도 엄마 잔소리를 듣고 싶어요.

바쁜 엄마 뒷모습을 보며 혼자 먹어요

엄마는 나를 쳐다볼 시간이 없어요.

아마 내 맑고 깨끗한 눈동자는 기억도 못하실 거예요.

엄마가 퇴근하고 집에 오기만을 간절히 기다렸는데

집에 돌아온 엄마는 할 일이 너무나 많아요.

숙제는 했는지, 준비물을 챙겼는지

확인하고 또 확인하는 것 말고

나랑 할 수 있는 게 없는 줄 아나 봐요.

엄마한테 안겨서 이야기 듣던 시간도

엄마 무릎에서 책을 보던 시간도 없어졌어요.

엄마 손 잡고 즐겨 부르던 노래도

이젠 기억나지 않아요.

예쁘게 잘 차려진 식탁 위에 맛난 밥을
바쁜 엄마 뒷모습을 보면서 혼자 먹어요.

우리 집은 각자 알아서 밥을 먹어요

오늘은 학교에서 놀이공원 가는 날이에요.

1층 도시락에는 김밥과 유부초밥이,
2층 도시락에는 딸기랑 키위랑 오렌지가
반짝반짝 예쁘게 담겨 있어요.
엄마가 싸 주신 2단 핑크색 도시락이에요.

어느 여름날
아빠가 냉장고에서 상한 음식 재료들을
식탁 위에 꺼내놓고 출근하신 날부터
엄마는 더 이상 시장을 볼 수 없게 되었어요.
필요한 것을 알려 주면 아빠가 퇴근하면서
사 오기 시작했거든요.

그렇게 얼마가 지난 후,

엄마는 더 이상

가족들 밥상을 차리지 않겠다고 하셨어요.

그래서 우리 집은 각자 알아서 밥을 차려 먹어요.

요즘 엄마의 환청이 부쩍 더 심해진 것 같아요.

다행히 오늘 아침에는 엄마가 울지 않아서 안심이에요.

놀이공원에 가는 일은 신나요.

태어나서 처음 가보는 거거든요.

꿈속에서 본,

엄마가 싸주신 2단 핑크색 도시락 대신

어제 편의점에서 사다 놓은

삼각김밥이랑 바나나우유를

가방에 담았어요.

숨 쉬는 언덕에 가야 울지 않을 수 있어요

내 왕딱지가 홀딱 뒤집혔어요.
호기심 가득한 눈으로 딱지치기를 지켜보던 친구들은
교실이 떠나가라 함성을 질렀고 그사이 나는,
뒤집힌 왕딱지를 얼른 집어 들었어요.

"야, 내놔! 이제 내 거야! 내가 넘겼잖아!"
마치 호랑이 소리 같은 친구의 음성이
수업을 알리는 종소리에 섞여서 교실은 전쟁터 같았어요.
내가 딱지를 주지 않자 화가 난 친구가
내 팔을 확 잡아챘고,
나는 뺏기고 싶지 않아 친구 가슴을
힘껏 내리쳤어요.

교실 앞문에서 이 장면을 지켜보고 있던 선생님께서

게임에서 졌는데 인정하지 않고 친구를 때린 것은
잘못된 행동이라며, 왕딱지를 친구에게 주고
교실 뒤로 나가 서 있으라고 하셨어요.

쉬는 시간 종이 울리자
다시 딱지를 들고 몰려드는 친구들을 뒤로하고,
자전거 보관대로 가서 자전거를 끌고
교문 밖으로 나왔어요.
선생님이 교문 밖으로 나갈 때는
꼭 말을 하고 나가야 한다고 하셨는데
지금은 그럴 기분이 아니에요.

이렇게 서럽고 답답한 날이면
'숨 쉬는 언덕'에 가야 해요.
그래야 울지 않을 수 있거든요.
학교 뒤 약수터 가는 길옆에 기다란 언덕길이 있어요.
이 길을 '숨 쉬는 언덕'이라고 이름 붙인 건 작년이에요.

언덕 위에 올라오니 저 멀리 학교도 보이고

우리 집도 보이고, 엄마 아빠 가게도 보여요.

엄마 아빠는 열심히 일하시느라
내가 친구랑 싸운 것도,
학교 밖에 나온 것도 모르실 거예요.
그렇지만, 아마도 친구를 때린 것 때문에
선생님이 전화할 거예요. 그래도 괜찮아요.
엄마 아빠는 너무 바빠서
나를 걱정할 시간이 없어요.

슈웅~

파란 하늘 구름 속으로 내 자전거가 들어가요.
이 짜릿한 기분은 설명할 길이 없어요.

쉿!
'숨 쉬는 언덕'에서
자전거를 타는 건 비밀이에요.

꼭 바보가 된 것 같아요

나는 태어나자마자

외할머니 집으로 보내졌고 엄마 아빠는

매주 금요일 밤이면 나를 보러 오셨어요.

친절한 할머니는

엄마한테 데려다 달라고 하는 것만 빼고는

내가 해달라는 건 모두 다 해 주셨어요.

초등학교 입학은 꿈만 같았어요.

드디어 엄마랑 아빠랑

같이 살 수 있게 되었거든요.

그런데 이상해요. 엄마랑 아빠는

안 된다는 것, 못한다는 것, 투성이에요.

나는 꼭 바보가 된 것 같아요.

엄마 아빠 마음에 쏙 들고 싶어서

노력하면 할수록,

조심하면 할수록

자꾸만 자꾸만 틀렸다고 해요.

나는 매일 매일

외할머니한테로 다시 돌아가고 싶어요.

엄마는 어쩌죠?

아빠 전화기로

게임을 하는 게 아니었어요.

'카톡.'

'자기야, 모해? 어제 잘 들어갔어?

그리고 다시 한번 선물 고마워 ♡♡.'

흡….

이 엄청난 비밀을 알게 되었으니 어쩌면 좋아요.

아빠 핸드폰으로 게임을 한 것이 죄가 되었어요.

여자는 절대 살찌면 안 된대요

모둠 수업 시간

친구들이 자기들끼리만 말을 해요.

나만 가만히 앉아 있어요.

선생님께서 이런 나를 보셨는지

"모둠에서 소외되는 친구 없이 다 같이 하자." 하셨어요.

그때 내 옆에 앉은 남학생이 큰소리로

"선생님, 얘 냄새나서 도저히 같이 못 하겠어요."

그리고는 나를 쳐다보면서 코를 막는 거예요.

그 순간 모두가 나를 쳐다봤고, 나는 너무나 창피해서

책상 위에 엎드려 버렸어요.

나는 매일 밤

큰 소리로 수를 세면서 줄넘기를 해야 해요.

엄마가 줄넘기 숫자를 들을 수 있도록

그렇게 천 개를 해야 잠을 잘 수 있어요.

천 개를 하고 나면 너무 힘들어서

씻어야겠다는 생각도 할 수 없어요.

삼 일째 그냥 쓰러져서 잠들었나 봐요.

겨울이라서 냄새가 날 거라고는 생각을 못했어요.

여름방학 때부터 살이 찌기 시작했는데

여자는 절대 살찌면 안 된다고 줄넘기를 사 오셨어요.

너무 힘들다고 오백 개로 줄여달라는 말은 소용없어요.

하기 싫다고 떼를 쓰는 것은 있을 수 없는 일이에요.

그러니 줄넘기를 안 한다고 버티는 것은

더더욱 의미 없어요.

여자는 날씬해야 되는 거래요.

나는 날씬해져야만 해요.

비난하는 엄마 말이 더 아파요

나는 갖고 싶은 게 많아요.
솔직히 얘기하면 먹고 싶은 게 많아요.

쫄깃쫄깃 새로 나온 젤리 사탕이
모양 모양 얼마나 예쁜지 몰라요.
노란색 연두색 핑크색 별, 곰….
짝꿍이 그 젤리를 사서 친구들한테 나눠 주면
인기쟁이가 돼서 심심하지 않아요.
나도 그 젤리를 사서 친구들이랑 나눠 먹고 싶어요.

아빠 지갑!
운 좋게 아빠 지갑이 식탁 위에 있는 거예요.
초록색 만 원짜리 돈이 엄청 많고
신사임당 오만 원도 엄청 많았어요.

이렇게 많은데 한 장 꺼낸다고 아빠가

알 것 같지 않았어요.

그런데 난리가 났어요.

집안이 완전히 뒤집혔어요.

아빠가 골프채로 엉덩이를 때리기 시작했어요.

내 엉덩이가 없어진 것 같았어요.

아빠가 엄청 미워지고 화가 나서 울고 있는데

"으이그… 내가 너… 이런 날 올 줄 알았어.

네가 그렇지 뭐…."

엄마 말이

아빠한테 맞아서 아픈 것보다 몇백 배나 더 아프게

내 몸에 딱 붙어 버렸어요.

엄마가 울까 봐 잘 참아요

1
제가 태어날 때는 엄마 옆에 아빠가 있었대요.
제가 태어난 것을 너무나 기뻐하셨대요.
엄마 말대로라면 아주 잘생기고 멋진 아빠일 텐데
얼굴이 기억나지 않아서 속상해요.

그렇게 나를 많이 예뻐하셨다는 아빠는
제가 아빠라는 말을 하기 시작할 무렵
더 멋진 아빠가 되려고 외국으로 공부하러 가셨대요.
내 옆에 있어 주기만 하면 멋진 아빠가 되는데
아빠는 그걸 잘 몰랐나 봐요.

아무리 기다려도 오지 않는 아빠한테
전화를 걸어달라고 했어요.

내가 직접 말해주고 싶었어요.

더 멋진 아빠가 아니어도 괜찮으니까

이제는 집으로 와도 된다고요.

엄마는 아빠가 자는 시간이라

전화를 받을 수 없다고 자꾸 꾀를 부려요.

몇 번이나 전화를 걸어달라고 해도

자꾸만 그렇게 말해요.

너무 속상해서 떼를 쓰기로 결심했어요.

전화를 걸어주지 않으면 잠을 자지 않겠노라고….

졸린 눈을 비비며 꼿꼿하게 앉아서 버티기 시작했어요.

입을 내밀고, 눈을 내리깔고, 팔짱을 끼고

힘센 형아처럼 앉았어요.

얼마나 지났을까?

꾸벅꾸벅 졸면서 버티는 나를 가만히 바라보던 엄마가

두 팔을 벌리고 다가와서 꼭 껴안아 줬어요.

그렇게 가만히 안고만 있었는데 등이 뜨거워졌어요.

엄마 눈물이에요.

전화만 걸어주면 되는데 왜 나를 안고 울기만 하는지
그렇게 우는 엄마 마음이 궁금했지만 묻지 않기로 했어요.
여기서 약해지면 다시는 아빠 목소리를 듣지 못할 것 같아서
안긴 채로 가만히 서 있었어요.

한 참이 지났나 봐요.
엄마가 울음을 그치고 빨개진 눈으로 바라보셨어요.
그래도 움직이지도 않고 엄마 눈도 쳐다보지 않았어요.
더 이상 나를 이길 수 없다고 생각했는지
"이제부터 놀라지 말고 잘 들어야 해.
아빠가 멀리 공부하러 가셨는데 그곳에서
사고를 당해서 그만 하늘나라에 가셨어."

아빠는 나를 엄청 많이 사랑하셨는데
하늘나라로 가셨대요.
그래서 전화도 할 수 없었던 거래요.
나는 엄마가 울었던 것보다

백배는 더 큰 목소리를 울어버렸어요.
엄청 큰소리로 엉엉 울어버렸어요.

친구들한테는 아빠가 없어졌다는 것을
들키고 싶지 않아요.
그래서 자꾸만 아빠 이야기를 만들었어요.

"있잖아, 애들아, 우리 아빠는 진짜 장난꾸러기다."
"왜?"
"글쎄 우리 아빠는, 내가 잠들어 있을 때만 나타났다가
내가 일어날 때가 되면 회사에 간다.
그래서 나는 아빠 얼굴을 볼 수가 없어.
우리 아빠는 진짜 장난꾸러기지?"
"어, 그래? 우리 아빠도 그럴 때가 있는데."
휴우~
친구는 우리 아빠가 사라진 걸 알지 못해요.

나는 진짜로 아빠가 밤에 몰래 왔다가
아침에 회사에 갔으면 좋겠어요.

나는, 아빠가 너무 보고 싶어요.

2
유치원에선 매일 매일 가족 이야기를 해요.
엄마랑 아빠랑 놀이공원 가고,
엄마랑 아빠랑 요리도 하고,
엄마랑 아빠랑 공부도 하고,
온통 엄마 아빠 얘기예요.

한 번도 불러본 적 없는 아빠한테
보고 싶은 만큼 미안해졌어요.
이렇게 멋진 내 목소리도 궁금하고
친구들 이야기도 궁금할 텐데
하나도 듣지 못했으니까 얼마나 속상하겠어요.

솔직히
아빠 이야기가 많이 나온 다음 날에는
유치원에 가고 싶지 않은데
엄마가 울까 봐 잘 참아요.

3
내가 조금 형아가 된 어느 날
아주 신기한 일이 내게 일어났어요.

엄마 남자친구가 나타났는데 너무나 멋졌어요.
내 이름을 부르면서 안아 주고
어깨 위에 태우고 계단 위를 오르고
손을 꼭 잡고 아이스크림도 사러 가고
친구들이랑 놀고 있는 나를 불러서
번쩍 하늘 위로 올려주기도 하고
꼭 안아 주기도 하셨어요.

"엄마 저 아저씨가 우리 아빠였으면 좋겠어요."

그랬는데,
진짜 마법처럼 아빠가 되었어요.
더 신기한 건
그렇게 갖고 싶었던 누나도 형도 생겼어요.
이제 유치원에서 쫄지 않아요.

가끔은

오늘처럼 어지러운 일이 생기기도 해요.

남자 친구가 생긴 사춘기 누나가

통금 시간보다 늦게 오는 날이 많아지면서

누나랑 아빠는 맨날 시끄럽거든요.

어떤 날엔 듬직한 형도 말썽이에요.

대학 시험이 얼마 남지 않았는데

게임 하는 시간이 길어지면서

아빠랑 저렇게 또 큰소리로 소란스러워요.

나를 가장 사랑하는 엄마는

많아진 가족들을 챙기느라 바빠져서

조금밖에 가질 수 없어요.

속상하지만 참을 수 있어요.

엄마가 그랬거든요.

누나랑 형은 엄마를 이제 만났으니까 한 살이라구요.

그래서 유치원생인 나보다도 엄마가 더 많이 필요하대요.

이건 나만 아는 비밀인데

우리 집에서 내가 제일 큰 형아가 되었어요.

할머니 집에 다녀오는 길
졸립다는 핑계로 엄마 등에 업혔어요.

"달님 달님 동그란 달님!!
우리 가족 모두 오래오래 행복하게 해주세요."
따뜻한 엄마 등에 얼굴을 묻고 그렇게 말했어요.
그건 나의 진심이었어요.

할머니 유골함에 내 이름이 없어요

할머니 장례식 마지막 날이었어요.
유골함을 넣는 곳에 가족들 이름이 있어요.
그런데, 그 이름들 속에 내 이름이 없어요.

엄마도 있고 아빠도 있고,
큰엄마도 있고 큰아빠도 있고,
큰집 형도 있고, 우리 형도 있는데
나만 없어요, 내 이름이 없어요.

작은 소리로 아빠한테 내 이름이 없다고 말했어요.
이름을 새겨 넣는 사람이 깜빡 잊은 것 같대요.
그러면 얼른 바꿔 달라고 했어야죠.
나들이, 김나들.
내 이름이 빠져 있다고 바꿔 달라고 했어야죠.

내 이름이 없어요.

나를 귀여워해 주고 아껴주셨는데 어쩌면 좋아요.
할머니를 싫어해서 내가 빼달라고 한 줄 알면 어떡해요.
하늘나라 가면서 화가 많이 나셨으면 어떡해요.
원래 태어났을 때처럼 강나들로 살았으면
할머니 옆에 내 이름도 있었을까요?

초등학교 1학년 입학하기 전에
"이제부터 아빠가 생겼기 때문에
형이랑 똑같이 성을 바꿀 거야." 하시는 거예요.
"나 대신 형이 바뀌면 안 돼요?"라고 했지요.
그건 안 되는 거래요. 법이 그렇대요.

"절차도 복잡하고 어색하지만 가족이 되는 거니까
익숙해지도록 노력해보자"고 엄마가 말했어요.
곧 학교 갈 텐데 아빠랑 형이랑 나들이랑 성이 다르면
친구들이 아빠가 다르다고 놀릴 수 있으니까
아예 그런 일이 없도록 미리 준비하는 거래요.

나만 바뀌면 완전한 가족이 된다는데
그깟 이름 하나 바꾸는 거 뭐가 어렵겠어요.
아니 친구들이 헷갈려서 불편하면 어때요.
오래오래 같이 살 완전한 가족이 된다는데요.

'나들이는 이미 우리 가족의 희망이 되었습니다.
사랑으로 잘 성장할 수 있도록 열심히 도와서
건강한 사회를 만들어가는 일꾼이 될 수 있도록
잘 가르치겠습니다. 친양자로 입양하는 것에 동의하며
우리 가족은 하루라도 빨리 서류 안에서도
완전한 가족이 되길 간절히 바랍니다.'

법원에 제출할 때 할머니가 쓴 거예요.
또박또박 꾹꾹 눌러 쓴 글씨가 엉성하고 신기해서
대표로 가족들 앞에서 큰소리로 읽은 날도 있었어요.
그렇게 나를 가족으로 맞아 주신 할머니 옆에
내 이름이 없어요.

다른 사람들은 내 이름이 없는 걸 모르나 봐요.

형도 자기 이름 옆에 내 이름이 없다는 걸 모르나 봐요.
납골함 유리문을 닫으면 다음 명절에나 열 수 있다는데
글자를 새기는 사람이 언제 내 이름을 넣어줄 수 있겠어요.

속상하지만 그래도 맘속으로 인사했어요.
이름이 없는 건, 내가 빼달라고 한 게 아니에요.
할머니. 그동안 많이 사랑해주셔서 고마웠어요.
앞으로 강나들로 멋지게 잘 자랄게요.

큰엄마가 좀 이상해요

큰엄마는 좀 이해할 수 없는 특징을 가지고 있어요.

분명히 내 이름은 김하늘인데 나보고 이은결이라고 불러요.

처음에는 실수로 그렇게 부른 거겠지 생각했는데

나보고 또 은결이라고 불러요.

기분이 이상했지만, 엄마가 속상할까 봐 가만히 있었어요.

우리 엄마는 아빠랑 재혼했거든요.

그래서 나는 이름도 성도 모두 달라졌어요.

학교도 바뀌고, 친구도 바뀌고, 정신이 하나도 없어서

마음이 엄청 복잡한데 이런 감정을 똑바로 설명하기가 어려워요.

그런데 내 맘을 누구보다도 잘 알 것 같은 큰엄마가

자꾸만 옛날 이름으로 나를 불러요.

친구들이
"너는 왜 이름이 바뀐 거야?" 하고 물어볼 때는
아빠가 생겨서 그렇다고 당당하게 대답할 수 있는데
큰엄마가 그렇게 부르면 대답해야 하는지 말아야 하는지
엄청 헷갈려요.

우리 큰엄마는
참 이해할 수 없는 특징이 있는 거 맞죠?

상담 선생님이 전하는
아이들의 진짜 속마음

나의 오지랖

일주일에 한 번, 두 시간씩, 아이들과 노래를 부른다.

분주한 일상을 정리해야 하는 상황에서도 아이들과의 노래는 포기가 어렵다. 생김도 다르고 목소리도 다르고 사는 곳도 다른 아이들의 함성, 기쁨, 절망. 그것은 평화, 그것은 행복이다. 설명이 어려운 희열이다.

자기임을 뽐내고 싶은 아이들과 처음 부르는 노래는 울퉁불퉁하기가 마치 바위산 같다. 언제 길이 되고 언제 노래가 될까, 싶은 게 그저 억세고 엉뚱한 아우성일 뿐이다. 그 재잘거리는 목소리를 여유롭게 한 음 한 음 높은음자리표 낮은음자리표에 걸어주고, 음표 길이만큼 같은 호흡을 반복하다 보면 신기하게 노래가 된다. 마법 같은 하모니가 펼쳐진다. 한 편의 드라마 같은 노래가 되었다는 것을 서로 확인하는 순간 합창은 기쁨이 된다.

신기한 건 이렇게 목소리만 닮아지는 게 아니라 외모도 닮아진다. 한 아이가 단발머리로 변신하고 나타나면 하나둘 단발머리가 늘어나고, 한 아이가 노랑나비 머리핀으로 눈에 띄어 예쁜 날이면 머리에, 옷에, 가방에 노랑나비 리본을 달고 나타나는 아이들이 늘어난다. 외모에 대한 관심은 본능인가 보다. 그렇게 일주일 만에 만나는 반가운 마음들은 재잘재잘 한바탕 소란이다.

어떤 아이는 거울 앞에 있는 시간이 길어 매일 지각이라고도 하고, 어떤 아이는 걸그룹 멤버 누구처럼 웨이브가 완성되어야만 책가방을 메고 집을 나선다고도 하고, 어떤 아이는 한 시간 넘게 샤워를 해서 형이랑 아침마다 전쟁이라고도 한다. 분주한 아이들의 일상이 귀엽기도 하지만, 그 분주함에 지쳐갈 등교를 돕는 어른들의 표정이 생각나서 안타깝기도 하다.

반면, 외모에 전혀 관심 없는 아이도 있다. 지금 시대에 비듬과 기름기로 떡진 머리카락이라니. 그 머리카락 속에 손가락을 찔러 넣고 뒤로 쓸어 넘기는 불결함은 보고 있는 나에겐 이미 폭력이다. 게다가 어설픈 멋 부림인지 현실 외면의 반항 심리인지 앞머리가 코까지 내려와 있다. 그 앞머리가 에어컨 바람에 날릴라치면 잽싸게 손바닥으로 머리카락을 눌러 이마에 붙인다. 어찌나 당황스러워하는지 귀여워서 그만 웃음이 난다.

"얘들아, 샘 머리는 어때?"

동그래진 눈들이 내 머리를 본다. 그 아이도 코까지 내려온 머리카락 사이로 포도알 같은 눈동자를 굴리며 내 머리를 훑는다.

"샘이 혼자 잘랐거든."

그리고는 아무 말 없이 가만히 눈을 바라보는 것으로 앞머리에 대한 평가를 기다리고 있으면 그 아이는 마지못해 한마디 한다.

"미용실에서 자른 것 같아요."

"그치~ 잘했지, 샘처럼 앞머리 좀 잘라줄까?"

갑작스러운 제안에 대답 대신 의자 뒤로 엉덩이를 깊숙이 넣는다. 그리고는 또다시 손바닥에 힘을 주어 앞머리를 꾹 누른다.

"괜찮아요."

이런 과정이 반복된 후 어느 날 앞머리 자르기에 동의하면 바로 미용사가 된다. 그렇게 앞머리 전문 미용사가 되었고 단골손님이 늘어나게 되었다.

어느 날, 손님이었던 한 아이가 갑자기 뒷머리를 잘라 달라고 한다.

언제나 늘 아이 편이 되려고 노력하지만 이럴 때는 거절의 지혜가 필요한 순간이다.

"그건 안 돼, 선생님은 할 수 없어."
또박또박 단단한 목소리로 힘주어 말한다.
"저는 그래도 선생님한테 자르고 싶어요."
"선생님은 미용사가 아니야."
"그럼 어때요, 앞머리도 내 맘에 들게 잘 잘라 주시잖아요."
"그건 앞머리잖아, 뒷머리는 달라, 선생님 머리만 맘대로 자를 수 있어."
"그러니까요, 선생님 머리처럼 잘라주시면 되잖아요."
이렇게 난감할 데가…. 미용 실력을 인정받는 건 고맙지만, 자세히 보면 엄청 삐뚤삐뚤하다고, 뒷머리카락을 모아 한 줌 쥐어 보이며 안 되는 이유를 설명한다. 아이는 이해가 된 건지 자존심이 상한 건지 찰랑찰랑 윤기 나는 긴 생머리를 빛나게 흔들어댄다.

그렇게 끝난 줄 알았는데 이 아이가 또 왔다.
친한 친구도 단발이고, 나보다 더 예쁜 다른 반 친구도 단발이고, 얼마 전에 좋아하는 연예인도 단발이고, 그래서 단발을 하고 싶다고 했는데 엄마는 안 된다고 화를 냈다고, '내 머린데 왜 내 맘대로 못 하게 하는지 모르겠다'며 선생님이 잘라주면 괜찮을 거라고 또 떼를 쓴다. 그래도 엄마를 잘 설득하는 것이 가장 좋은 방법이라고 하니

"선생님이 몰라서 그래요, 우리 엄마는 안 통해요."

이제는 팔에 대롱대롱 매달린다.

"그럼 엄마한테 전화할게요. 허락하면 잘라주시는 거죠?"

하고는 한참 통화를 하더니 갑자기 환호성이다.

"엄마가 자르래요,"

"진짜? 그럼 선생님이 엄마한테 확인할게."

"아니 지금 통화하는 거 보셨잖아요. 진짜 허락하셨다구요."

말하는 사이, 벌써 의자를 거울 앞에 옮겨 놓고 냉큼 앉는다.

다시 확인하고 해야 하나, 아니면 엄마가 허락하셨어도 못한다고 해야 하나, 망설이다가 그냥 아이 편이 되어주기로 용기를 냈다.

"길이만 끊어 줄 테니 꼭 미용실에 가서 잘 다듬어야 해."

"알겠어요, 꼭 그렇게 할게요."

전지를 어깨에 두르고 스카치테이프로 이음선을 고정시켰다.

거울 속 아이를 보니 좀 떨렸다.

"전문가가 아니라서 예쁘게 못해, 그러니까 지금도 안 늦었어. 다시 한 번 생각해봐."

"괜찮아요, 요만큼만 잘라주세요."

하면서 턱선 아래에 머리카락을 손으로 잡았다.

"샘이 다시 잡아볼게, 요기 맞지?"

"네 맞아요."

길이를 확인하고 또 확인하고 심호흡을 크게 했다.

"자 자른다~ 하나, 둘, 셋!"

셋이서 큰소리로 구호를 외쳤다.

"싹둑!"

문구용 작은 가위 사이로 끊어진 머리카락이 흔들린다.

"와~아!!"

신이 난 아이들과 덩달아 흐뭇해져서 나머지 머리카락을 길이에 맞춰 다듬었다.

"맘에 들어요, 완전 시원해요. 이렇게 자르고 싶었다구요."

아이가 한마디 하자 같이 온 친구가 거든다.

"얘 한참 전부터 이렇게 하고 싶어 했는데 단발 되니까 신기해요."

두 녀석은 손을 맞잡고 깡충깡충 뛰더니

"선생님 감사합니다."

넙죽넙죽 인사도 잘한다. 경쾌하게 돌아가는 아이 뒤 꼭지에 대고 다시 한번 큰 소리다.

"바로 미용실 가야 해. 알겠지?"

확인하는 나의 목소리와 알겠다고 대답하며 사라져가는 아이들의 흥분된 목소리가 복도 가득하다.

다음 날 아침 전화가 울렸다.

그 아이의 엄마라며 지금 바로 오겠다고 한다. 전화선을 타고 들려온 목소리에서 느껴지는 싸늘함이 당황스러웠다. 뭔가 잘못되었다는 확신으로 긴장하고 있는데 엄마와 아빠는 인사도 하는 둥 마는 둥 핸드폰 사진을 내밀었다. 곱게 빗어 가지런히 모아 놓은 머리카락은 삐뚤빼뚤 엉망진창이다. 삐죽삐죽 정리되지 않은 머리카락이 무섭게 심장 안으로 들어왔다. 호흡은 가빠지고, 머리는 하얘지고, 엄마 목소리만 허공을 뱅뱅 돌았다.

"선생님 아무리 그래도 이건 너무하신 거 아녜요,
어떻게 애 머리를 이렇게 만들어 놓을 수가 있어요?"

얼어붙은 심장은 뛸 기미가 없고 말은 해야 하는데 입은 열리지 않고, 꼴깍꼴깍 침을 삼켜가며 크게 숨을 쉬고,

"죄송해요, 어머니."

겨우 한마디 하고 정적이 흘렀다.

"아니 선생님이 머리를 잘 자른다고 걱정 안 해도 된다고 해서 그러라고 한 건데, 이렇게 못 자르실 줄은 진짜 몰랐네요."

"저도 많이 후회가 되네요, 죄송해요 어머니."

죄송하다는 말밖에 하지 못하는 내가 어이가 없는지 목소리가 조금 낮아졌다.

"아이가 해달라고 했어도, 어머니 허락을 받았다고 했어도 제가 하지 말았어야 했어요, 제 잘못이에요. 너무 죄송해요."

죄송하다고만 하는 나를 한심하다는 듯 바라보더니, 아버지가

"이미 잘린 머리카락을 어쩌겠어요. 다음부터는 그러지 마세요." 하고는 가버렸다.

나의 오지랖이 슬펐다.

단발머리가 된 기쁨을 아주 잠깐 누렸을 아이,

집에서, 미용실에서 나를 비난하는 어른들의 말을 오래도록 듣고만 있었어야 했던 아이,

나를 찾아오는 부모님을 말리지 못해서 부끄럽고 속상했을 아이,

당당하고 해맑았던 아이 얼굴이 떠올라 오래도록 미안했다.

세월 지난 어느 날, 아이의 삶에서 단발머리에 대한 기억을 이야기

할 순간이 있을 때

"어린 시절 같이 노래하던 선생님 덕분에 태어나서 처음으로 단발머리를 해 봤어."

라고 추억할 수 있는 기억이 되었더라면 얼마나 좋았을까.

그날 이후, 그 아이는 오지 않았다.

부모가 이혼하지 못하는 이유

가을~~

햇살이 참 좋다.

하늘이 참 맑다.

구름이 참 예쁘다.

바람에 흔들리는 키 큰 해바라기가 사랑스럽다.

긴장감에 분주했던 상황이 모두 정리되었다. 아이가 남기고 간 긴 한숨을 떠나보내려면 걷는 게 좋을 것 같았다. 텅 빈 운동장이 좁다. 체육 수업으로 즐거웠던 아이들의 함성이 운동장을 꽉 채우고 있는 것 같아 답답하게 느껴진다.

교문을 나섰다. 교문 앞 계단 위 넓은 공원이 한산하다. 바람이 지나가는 조용한 곳에 앉아 숨을 쉰다. 가을 햇빛에 초록 잔디가 반지르르 빛이 난다. 제 키보다 훨씬 큰 잠자리채를 들고 뛰어다니는 아이들 한 무리만이 평화롭다.

문득, 잠자리를 시집보내던 어린 시절 기억이 떠오른다.

몸통이 빨갛게 예쁜 고추잠자리를 잡으러 뛰어다녔다.

힘겹게 잡은 후에는 꽁지 끝을 과감히 떼어낸다.

그리고 들에 핀 작은 꽃송이를 꽁지에 꽂아 주며

"시집가라~~"

큰 소리로 외치며 하늘로 날려 보낸다.

누가 가르쳐줬는지 알 수 없는 그 끔찍한 예식을 마치 잠자리를 위한 엄청난 축복 행사로 믿고, 온 동네 아이들이 가을 놀이로 즐겼다니…. 얇은 비늘 날개를 꼭 잡은 손가락에 파르르 몸을 떨던 잠자리의 몸부림이 선연하다. 그 잔인한 기억에 잠시 눈을 감았다. '가만, 신발을 벗고 걸어볼까?'

맨발 걷기를 즐기는 선생님이 있다.

오늘도 출근하자마자 주말에 계족산 황톳길을 걷고 난 후, 흙 묻은 발을 도화지에 찍어 전시하는 행사에 자기도 흔적을 남기고 왔노라며, 그때 오케스트라가 연주한 음악을 찾아 들려주었다. 혈액순환을 촉진해서 고혈압 당뇨가 치료되었고, 누구는 암이 나았다고 하고, 또 누군가는 허리 디스크도 좋아졌다며 하루 3만 보 이상을 걷는 마사이족의 이야기로 아침 시간이 훈훈했다. 그러니 정신 건강과 신체 건강을 위해 다음에는 꼭 같이 가자고 한다.

늘 "좋아요." 하고 대답하지만 한 번도 그의 여행을 따라나선 적은 없다. 선생님은 몇 년 전 학급에 힘든 아이를 보내고 난 후부터 주말이면 자연 속을 걷는다. 그 덕분에 지금은 아이들과 사이좋은 시간을 보내고 있다.

조용히 슬리퍼를 벗어 양손에 들고 잔디밭으로 들어간다. 잔디가 생각보다 부드럽다. 따뜻하게 닿는 촉감이 괜찮다.

혹시 다칠까 하는 염려에 땅만 바라보고 발을 옮기다 보니 어느새 공원을 가로질러 이쪽 끝까지 와 있다.

공원 스피커에서 음악이 흐른다. 이 여유를 이제야 누려보다니. 가을날 관악기의 투박한 소리는 발바닥을 간질이는 모래알처럼 섬세하다. 예측할 수 없는 매일의 일상, 예측이 불가능한 재즈, 모두 다른 성품의 사람들이 개성으로 엮어내는 하루, 자기를 맘껏 드러내도 조화가 이루어지는 하루, 그것이 서로가 되고, 음악이 되고, 하루가 된다. 그리고 보니 우리 모두의 하루는 자신이 작사 작곡한 한 곡의 노래이다. 가을 공원을 울리는 재즈 덕분에 이 늦은 나이에 잔디밭 맨발의 여인이 되어 춤을 추고 있다.

"엄마가 너무 불쌍해요. 엄마는 이모한테 많이 혼나요. 이모는 외할머니 성격을 닮아 아주 씩씩하거든요, 우리 엄마한테 이모가 말해요,
'내가 너였으면 벌써 혼자 잘살고 있을 거다.' 이렇게요.

외할머니는 엄마가 어렸을 때 시험성적이 떨어지면 종아리를 때렸대요. 또 물건을 떨어뜨려 깨뜨리면 커다란 박스에 담아 집 밖에 한참 동안 놓아 두었대요. 끔찍하죠? 그렇게 실수하는 걸 용납하지 않고 매번 때렸대요. 그 외할머니 직업이 뭔지 아세요? 교수예요. 한번은 이런 일도 있었대요. 어릴 때 외할머니 따라 연구실에 갔는데 거기서 잠이 들었대요. 엄마가 구석에서 잠든 걸 깜빡 잊고 외할머니 혼자 집에 가버려서 밤에 혼자 엄청나게 운 적도 있었대요."

"아빠는 너무 이상해요. 언젠가 핸드폰에서 여자랑 나눈 통화기록을 엄마가 확인하고 '누구냐'고 했더니 핸드폰을 부숴버리고 '왜 남의 전화를 보냐'고 엄청 화를 냈어요. 바람을 몇 번이나 피워서 이모가 당장 이혼하라고 호통을 치기도 했어요. 우리 아빠 회사에서 월 천만 원도 넘게 받는데 엄마한테 생활비도 안 주고, 우리한테 용돈도 안 주세요. 만 원 받는 날은 아빠 기분이 좋은 날이에요. 이상하지 않아요?"

"선생님, 우리 엄마요, 외할머니한테 그렇게 맞으며 자랐는데

지금 아빠한테 또 맞으면서 사는 게 너무 가여워요. 사실 우리 엄마도 제가 어릴 때는 많이 때렸어요. 무서운 엄마였어요.

그런데 어느 날 드라마를 봤는데 아이가 옥상으로 올라가서 떨어지는 것을 보고 우시더니 미안하다고 한 후부터 변했어요. 정말 다행이에요. 그때 엄마가 변하지 않았으면 저도 엄마를 미워했을 거예요."

그렇게 어린 아들은 엄마의 보호자가 되었고, 엄마가 안쓰러워 매일 가슴을 뜯는다.

축구장만 한 잔디밭에 커다란 원을 그리며 걷다 보니 소나무 사잇길을 지나게 된다. 난데없이 거미줄이 얼굴을 확 잡아당긴다. 거미줄에 걸렸다. 아니 내가 거미집을 부숴버렸다. 남은 한 가닥 거미줄 끝에 달랑달랑 매달린 커다란 거미가 재빨리 도망간다.

"미안해라, 땅만 보고 걷느라 햇살에 숨어 있던 너의 집을 발견 못 했네, 어쩐담, 미안해 거미. 한나절 이상은 공들여 만든 집이었을 텐데 이렇게 허무하게 찢겨버리다니 억울하겠다."

"형도 너무 걱정돼요. 걔는 왜 그렇게 혼날 짓만 하는지 모르겠어요. 게임하다 혼나고, 아빠가 새로산 비싼 오토바이를 몰래 끌고 나갔다가 뭘 잘못 눌렀는지 삑삑 소리가 나서 끌려와 죽도록 맞았어요. 또 학원에 가지 않아서 만신창이가 되도록 맞았구요. 어젯밤에는 핸드폰 보다가 들켜서 또 맞고, 맨발에 잠옷만 입은 채로 쫓겨나서 밤새 집에 들어올 수 없었어요. 너무 끔찍하지 않아요? 도와줄 수가 없어요. 도와줬다가 우리도 덩달아 그렇게 맞고 쫓겨날까 봐요.

 엄마한테 제발 아빠하고 헤어지라고도 했는데 우리를 위해서 안 된다고 하세요. 우리 때문에 이혼을 못하신다고, 기회를 보고 있는 중이라고 하는데, 저는 엄마가 아빠랑 이혼했으면 좋겠어요. 진짜 그렇게 되기를 원해요. 아빠도 불쌍하죠. 저렇게 못 됐는데 우리가 없으면 어떻게 사나, 이런 생각이 들기도 해요."

 아빠를 가여워하는 아이, 스무 해도 안 살아봤는데, 사십 년 훨씬 넘게 살아온 어른 아빠를 불쌍히 여기다니, 네가 어른이구나.

 아이 손을 굳게 잡았다.
 "우리가 엄마도 돕고, 아빠도 돕고, 형도 도울 방법이 있어."
 도울 수 있다는 나의 말에 아이는 기대가 생겼나 보다.
 "진짜요?"
 얼굴 가까이 다가와서 가만히 나를 바라본다.
 "그럼, 돕는 방법이 있구 말구. 있잖아, 아빠를 완전히 다른 사람으로 만드는 기적은 일어나지 않을 거야. 그렇지만 조금, 아주 약간은 조심할 수 있도록 만드는 계기가 될 수 있어. 엄마도 드라마를 보고 난 후부터 행동의 변화가 일어났잖아. 아빠도 그러실 거야. 사람은 어떤 계기가 있으면 생각을 하게 돼. 그래서 조금씩 변할 수 있게 되는 거야. 지금부터는 네가 가장 중요해. 두려워하지 말고, 무서워하지 말고, 지금처럼 지내면 돼."

다시 아이 손을 힘주어 잡았다.

"아빠가 하는 나쁜 행동에 주눅 들어서 계속 이렇게 살면, 아빠는 점점 더 큰 괴물로 변해갈지도 몰라. 그래서 우리는 아빠가 멈출 수 있도록 도와야 해. 아빠는 가장이잖아. 그렇지?"

아이는 말이 없다.

"이런 행동은 범죄야. 이게 가정폭력이고 아동학대거든. 그럴만한 이유가 있다 하더라도 이런 행동은 정당화될 수 없어. 그래서 선생님은 아빠를 아동학대로 신고할 거야. 이것은 선생님의 의무야."

아이는 사색이 되었다.

"안 돼요. 선생님, 그러면 우리는 아빠 손에 죽을지도 몰라요."

굵은 눈물이 뚝뚝 떨어진다. 격하게 허공을 휘저으며 손사래를 치는 아이 손을 다시 꼭 잡아 안았다.

"그러니까 절대 그런 일이 일어나지 않아. 누가 신고했는지 경찰에서도 아빠에게 알려주지 않아. 그러니까 이제부터 선생님 믿고 아무 일 없는 듯 지내면 돼."

한참 동안 같은 말을 반복하면서 삼십여 분쯤 흘렀다.
아이는 눈물이 잦아들었고 물을 마시고 있는 사이,
나는 검지에 힘을 주어 전화기 버튼을 꾹꾹 눌렀다.
1—1—2--

2부

이제는 더 이상 어린이가 아니에요

: 중학생 이야기

돈이 많았으면 좋겠어요

생각해보니 우리 집은 좀 달라요.

엄마랑 아빠도 싸우고
누나랑 엄마도 싸우고
아빠랑 누나도 싸우고
누나랑 나랑도 싸워요
아무튼 대화의 끝은 늘 싸움인 것 같아요.

가만히 생각해보니
그 싸움의 원인은 모두 돈이에요.
우리 집에 돈이 많았으면 좋겠어요.

저에게도 사생활이 있답니다

친구랑 인터넷에서 만나
게임을 시작한 지 얼마 되지 않았어요.
방문을 벌컥 열어젖히고 불쑥 들어온 아빠 때문에
깜짝 놀라서 얼른 컴퓨터를 꺼버려야 했어요.

이렇게 갑자기 사라진 나를 친구가 이해해 주겠어요?
앞으로 다시는 게임에 넣어주지 않을 거예요.

노크도 없이 아무 때나 불쑥불쑥 들어오는 게
어제 오늘 일만은 아니에요.
이제는 단련될 만도 한데 아직도 마음이 어려워요.

예의가 없는 건 엄마도 마찬가지예요.
더 웃긴 건 뭔지 아세요?

핸드폰을 몰래 훔쳐본다는 거예요.
더… 더… 웃긴 건 뭔지 아세요?
핸드폰을 훔쳐보다가 들킨다는 거예요.

더… 더… 더… 웃긴 건 뭔지 아세요?
훔쳐보다가 들켰으면 사과해야 하는데
오히려 큰소리를 친다는 거예요.

"네가 평소에 믿을 만하게 행동했으면
엄마 아빠가 이랬겠냐?" 하면서
오히려 화를 더 많이 내요.

엄마가 너무 창피해요

햇빛 좋은 날이었어요.
우리는 아이스크림을 들고
공원길을 걷고 있었어요.

맥락 없이,
진짜, 맥락 없이
엄마가 나타났어요.

내 여자친구랑
만난 지 한 시간도 안 됐는데….
기말시험 준비하느라
한 달 만에 만났는데….
이렇게 허망하게 잡혀 왔어요.

엄마는 언제부터인가

핸드폰 위치 추적기를 설치해 놓고

이렇게 시도 때도 없이 나타나서는 간섭이에요.

근본 없는 엄마의 행동은 이게 다가 아니에요.

학교 끝나고 친구랑 놀다 조금 늦게 집에 간 건데

여자 친구한테 전화해서 나랑 있냐고 확인하기도 했고,

내가 전화를 받지 않는 상황일 때도

여자 친구한테 전화해서는

지금 만나고 있는 거 아니냐고 했대요.

엄마가 너무 창피해요.

맥락 없이 나타나서

날 잡아다 놓고 또 협박이에요.

이번 시험 성적 안 좋게 나오면

핸드폰 압수한다고.

시험은 다가오는데

공부는 안 되고

화가 나서 미치겠어요.

진짜 속마음은 말하지 않기로 했어요

엄마는 비밀이 없는 줄 알아요.
물론 학교에서 있었던 일을 다른 아이에 비해
자세히 말해주는 편이긴 하지만
다 하는 건 아니거든요.

엄마의 논리는 내가 힘든 일이 생겼을 때
도와줄 사람은 엄마밖에 없으니까,
아니 가족밖에 없으니까
비밀이 있으면 안 되는 거래요.

오늘은 급식 얘기하려고요.
엄지 정도 크기의 연탄 모양 케이크가 나왔는데
태극기까지 꽂혀 있어서 엄청 귀여웠다고,
아마 현충일이라서 준비된 이벤트 같다고요.

또, 아주 예의 없는 친구가 수업 시간에
과자를 몰래 꺼내 먹어서 선생님이
"그만하자!"라고 엄하게 말씀하셨는데도
뒷자리 친구까지 나눠 주는 소란을 피워
엄청 짜증 났었다고 말하려구요.

이렇게라도 말해주지 않으면
계속 따라다니면서 꼬치꼬치 물어보니까
할 이야기가 없는 날엔 적당히 만들어 내야 해요.
그래야 집에 있는 시간이 좀 편해지거든요.

엄마는 아직도 자기가 나인 줄 아나 봐요.

영이 맑아지는 노래만 들어야 해요

좋아하는 노래를 듣고 있는데

갑자기 내 핸드폰이 휙 날아갔어요.

세상 음악을 들으면 영(靈)이 혼탁해진다고.

아이돌 음악을 들으면 기겁하는 엄마한테 딱 걸렸어요.

그래서 앞으로 한 달간은 음악을 들을 수 없어요.

아빠 엄마잖아요

할머니가 갑자기 아프셨대요.
그래서 엄마한테 전화했는데 받지 않아서
할머니가 혼자 병원에 가셨대요.

할머니랑 병원에 가지 않았다는 이유로,
전화를 받지 않았다는 이유로
엄마를 죄인 취급하는 아빠가 미워서
'엄마도 일하느라 바쁘시잖아요.
그래서 전화를 못 받으신 거고
그렇게 걱정이 됐으면 아빠가 같이 가면
되는 거 아닌가요? 아빠 엄마잖아요.'

입술이 막 움직여지면서
말이 나오려고 하는데 꾹 눌러 참았어요.

그렇게 제멋대로인 아빠는
일 년 동안이나 엄마랑 말을 안 하고
지낸 적도 있었거든요.

엄마는 아빠를 사랑해서가 아니라
우리 때문에 참고 사는 거래요.

나는 착한 엄마가
아빠한테 더 이상 비굴하지 않았으면 좋겠는데
엄마는 우리 때문에 비굴해질 수 있는 거래요.

나는 엄마 마음을 이해할 수가 없어요.

나도 공부를 잘하고 싶어요

"이게 점수야!"
우렁찬 아빠의 고함은
반짝반짝 빛나는 거실의 멋진 조명을 떨어뜨릴 것만 같아요.
엄마랑 나는 아빠 앞에 죄인이 되었어요.
그런데 이상해요. 시험은 내가 봤는데 엄마가 혼나요.

"국어 73점, 수학 62점, 영어 58점. 점수가 이게 뭐야!
도대체 애를 어떻게 관리하길래 이걸 점수라고 받아 와!"
우렁찬 아빠 목소리에 내 심장이 덜컥덜컥 수도 없이
내려앉은 후에야 아빠는 지쳐서 방으로 들어가셨어요.
"너 때문에 엄마까지 이렇게 혼나야겠니?
진짜 이렇게밖에 못하겠니?" 이번엔 엄마가
또 협박을 해요.

휴, 나도 공부 잘하고 싶어요.

아빠가 망쳐버렸어요

'정의'가 무엇인지 궁금했어요.
그래서 검사가 되고 싶었어요.
정의로운 검사가 되고 싶었어요.
사실이 사실로 인정받는 그런 세상을
만들어가는 정의로운 검사가 되고 싶었어요.

그런데 그 꿈을
아빠가 망쳐버렸어요.
의사가 되래요.

왜, 나만으로 안 되는 거예요

오빠가

자꾸만

다른 여학생들이랑 놀아요.

학교 끝나면

편의점에 가서 간식 사 먹고

노래방에 가서 신나게 놀고,

PC방에 가서 또 게임을 하고.

아니….

오빠는….

왜?

'나'만으로 안 되는 걸까요?

쌤~

왜 그런 거예요?

아니 왜요~~

왜~~

왜~~~ 그런 거냐구요.

왜~~~~~~~

'나'만으로 안 되는 거예요~~~?'

꼴 보기 싫어 죽겠어요

가장 친한 친구가 내가 사귀었던

전 여자친구랑 사귀기 시작했어요.

둘이 사귈 거면 조용히 사귀면 되지,

내 앞에서 보란 듯이 음료 하나에

빨대 두 개 꽂아서 얼굴 맞대고 같이 먹고….

내 앞에서 보란 듯이 딱 붙어서 손잡고 걸어가고….

쉬는 시간에 의자 하나에 둘이 앉아서 꽁냥거려요.

꼴 보기 싫어 죽겠어요.

비밀연애를 말할 순 없어요

현장 체험학습 가는데 여자친구가
자꾸만 다른 남자애들이랑 노는 거예요.
신나게 손 게임도 하고,
큰 소리로 웃어대기도 하고
그런 여자친구가 신경 쓰여서
나도 다른 여자애들이랑 놀기로 했어요.

갑자기 한 여학생이 물었어요.
"너 여친 있어?"
"아니, 나 여친 없는데."
조금 큰 소리로 말했어요.
여자 친구가 들었으면 하는 맘이었거든요.
우린 비밀연애 중이고
우리 연애를 아는 사람은 아무도 없어요.

집에 돌아왔는데 문자가 왔어요.

"여자친구 없다고?~

우리 헤어지자.

이제 끝이야."

딱

세 줄….

엉엉 눈물만 나왔어요.

나의 대성통곡에 가족들 모두 깜짝 놀랐지만

이유를 말할 수는 없었어요.

잠도 못 자고 밤새도록 울기만 했어요.

너무 가슴이 아파요.

질투는 우정보다 힘이 세요

우리는 소문난 삼총사예요.
어느 정도인가 하면요
아침에 눈 뜨면서부터 페이스톡으로
학교 갈 준비를 실시간 중계해요.

그런데 요즘 이슬이가 좀 이상해졌어요.
학교 가는 길에 결이를 빼고 자꾸만 먼저 가자고 해요.
이슬이를 따라가면서도 결이한테 미안해서 엄청 불편한데
"결이 어제 입은 옷, 너무 어린애 같지 않니?
틴트 색깔은 또 그게 뭐니? 너무 촌스럽지?"
이슬이는 교실에 도착할 때까지 결이 험담을 계속해요.

뒤늦게 결이가 교실로 들어왔어요.
"왜 나를 기다려주지 않고 먼저 갔느냐"고

풀 죽어 말하는데, 이슬이는 아무렇지도 않게
"네가 늦게 오니까 그렇지."라고 말해요.

다음 날도, 그 다음 날도 결이를
기다려주지 않았어요. '결이한테 왜 그럴까?'
가만히 생각해보니 딱 하나 걸리는 게 있어요.
이슬이가 좋아하는 남학생이 결이랑 친하거든요.

그랬었는데,
이제는 나를 기다려주지 않아요.
오늘도 쉬는 시간에
혼자서 화장실에 다녀왔어요.

우리는 소문난 삼총사였는데….

친구를 위해서라면

나는 친구가 참 좋아요.
그래서 친구가 하자는 건 다 하려고 하는 편이에요.
편의점에 음료수를 사러 가면서 친구가 말했어요.

"너 저기 앞에 가는 애 신발 뺏어올 수 있어?"
"당연하지."
"진짜? 그럼 해 봐. 내가 매일 떡볶이 사줄게."

그 말이 떨어지자마자
앞에 걸어가는 애의 발을 탁 걸어 넘어뜨리고
신발을 벗겨서 얼른 친구한테 줬어요.

나는 신발만 뺏으면 됐기 때문에
넘어진 애가 얼마나 아픈지

얼마나 다쳤는지는 신경 쓸 필요가 없어요.

경찰이 나를 데려가도 괜찮아요.
친구가 매일 떡볶이를 사준다고 했거든요.

엄마가 없어졌어요

1

엄마가 없어졌어요.

엄마가 없어지는 건 정말 힘든 일이에요.

그렇지만 잘됐어요.

아홉 살이 될 때까지 매일 매일

엄마가 없어질까 봐 불안했거든요.

그런데 진짜 엄마가 없어졌어요.

덕분에 마음 한편이 시원해졌어요.

어째서 그런 마음이 생겼냐구요?

그건요….

다시는….

엄마가 없어질까 봐 걱정하지 않아도 되니까요.

아주 어렸을 때부터

엄마랑 아빠의 싸움은 심각했어요.

처음엔 너무 무서워서 싸우지 말라고

엄마한테도 매달려 보고

아빠한테도 매달려 봤어요.

그런데 아무 소용이 없었어요.

내가 너무 작아서

엄마 아빠를 진정시킬 수 없었거든요.

결국, 어느 날부터인가

나는 엄마 아빠를 포기하기로 했어요.

그냥 하고 싶은 대로 하라고 내버려 두기로 했어요.

집 안 물건을 던지고, 부수고, 그래 놓고는

며칠이 지나면 또 아무 일도 없던 것처럼

같이 밥 먹고,

같이 할머니 집 가고,

같이 마트에 가고 그래요.

내 맘은 엄청 불편하고 답답한데

엄마 아빠는 아무렇지 않아져요.
그렇게 아무렇지 않아지는 게
더 화가 나서 견디기 힘들 때도 많았어요.

'아~ 싸워야 가족이 되는 거구나.'
그걸 알게 된 건 얼마 되지 않았어요.
그랬는데, 진짜로 엄마가 없어졌어요.
또다시, 집안이 전쟁터가 된 그날 밤에
엄마가 사라졌어요.

진짜 진짜, 잘된 일이에요.
왜냐구요?
이제부터는 더 이상 엄마랑 아빠가
헤어지지 않았으면 하는 바람을
갖지 않아도 되니까요.

이제, 나는 아주 많이 복잡해졌어요.
매일 우리 집에 놀러 오는 친구한테
엄마가 없어졌다는 걸 어떻게 말해야 할지 모르겠어요.

나는 학교 가는 게 좋은데 친구들이
'엄마 없는 애'라고 놀리기라도 하면
어떻게 해야 할지 걱정이에요.

나한테는 엄청 중요한 일인데
그 방법을 알려주는 사람은 아무도 없어요.
누구에게도 물어볼 용기가 없으니
이제부터 정신을 똑바로 차려야 해요.

지금은 여름방학이에요.
방학을 신나게 보내는 사이에
엄마가 많이 아프셨는데 회복하지 못했고
결국, 하늘나라로 가셨다고 그렇게 말해야겠어요.

회사가 끝나자마자 집으로 오는 아빠는
밥하고, 청소하고, 빨래하고, 자꾸만 말을 걸어요.
어설픈 밥상을 얌전히 차려놓고는 미안하다 하고
자려고 누워 있으면 내 머리를 만지면서 미안하다 하고
미안한 게 뭔지 알기나 하는지 의심되는데,

자꾸만 미안하다고만 해요.

이렇게 매일 매일 미안하다고 할 거였으면
싸우지 말고 잘 살았어야지,
이제 와서 이게 다 무슨 소용이에요.
화나는 마음에 벌떡 일어나서
꽥~~~~~ 소리를 지르고 싶었지만
애써 꾹 참았어요.

2
그… 렇… 게….
몇 해가 흘렀어요.

이제 열네 살이 되었고,
엄마가 없어진 것도 익숙해졌는데
아빠가 물어요.
새엄마가 생기면 어떨 것 같냐고요.

나는 엄마가 없어도 불편하지 않지만

아빠가 착한 여자 만나서

행복했으면 좋겠다고 말했어요.

그렇게 말하길 참 잘했어요.

왜냐구요?

어쩌면 아무에게도 들키지 않은

엄마 없는 내가 싫었던 그 마음을

아빠를 위하는 척하면서 허용했으니까요.

덕분에 나는, 가족 모두에게

마음 넓은 아들이 되었거든요.

그렇게 새엄마가 왔어요.

새엄마는 향기가 났어요. 무슨 향기냐 하면요,

그걸 잘 설명하기가 너무 어렵긴 한데

맑은 하늘 같은 향기라고 할까?

어쩌다 나와 눈이 마주치면

활짝 웃는 모습이 하늘 색깔 같아요.

처음엔 그 미소가 너무 낯설어서

부끄럽고 작아졌었는데

매일매일 나를 보고 웃어주니까

어느새 맘이 편안해졌거든요.

어이없는 실수를 할 때도

사라진 내 엄마처럼 소리 지르지 않아요.

먹기 싫은 밥을 억지로 먹으라 하지 않고

다른 방법을 물어줘요.

짜증 나서 삐져 있을 때도

다정하게 말을 걸어주고 조용히 기다려줘요.

아침에 일어나면 아침 인사도 얼마나 맑게 해 주신다구요.

예쁜 그릇에 담긴 음식을 내 앞에 정성스럽게 놓아주시고

오물오물 먹는 나를 가만히 바라보며 미소 지어줄 때면

나의 아침이 얼마나 근사해지는지 몰라요.

3

어느 날 할머니가 오셨어요.

즐거운 저녁 식사 후에 갑자기

"이제는 엄마라고 불러야지." 하시는 거예요.

솔직히 엄마라고 부르고 싶었던 적이 많았어요.

매일, 지금 새엄마가 없어질까 봐 무섭거든요.

엄마라고 부르지 않아서 없어지면 어떡하나

그래서 몇 번이나 용기를 내보아도 말이 나오지 않았어요.

어떤 날에는 눈을 질끈 감고 다짐하고 다짐하고

현관문을 열어봐도 입이 열리지 않아서 답답했었는데

할머니가 그렇게 말하니까 너무 속상했어요.

할머니가 가시고 새엄마가

내 등을 쓸어주면서 말했어요.

"엄마라고 부르는 건 중요하지 않아.

마음을 나누는 가족이 되었다는 게 중요한 거야.

그러니까 할머니 말 신경 안 써도 돼.

저절로 자연스럽게 불러지는 그때 하면 돼.

아니, 꼭, 엄마라고 부르지 않아도 괜찮아."

그렇게 말하며 꼭 안아 주셨어요.

내 맘을 알아주는 그 품은 꼭 천국 같았어요.

이제 나는, 더 이상
엄마가 사라질까 봐 걱정하지 않기로 했어요.

가끔,
고집쟁이 아빠가 엄마를 힘들게 해서
걱정될 때가 있긴 하지만,
이제부터 내가 아빠보다 더 잘하면 될 것 같아요.
성실히 공부도 해 볼 생각이에요.
학교가 점점 좋아지기 시작했거든요.

새엄마가 이렇게 좋을 수 있다는 걸
자랑할 용기도 생겼어요.
아니, 친구들은 이미 알고 있을지도 몰라요.
왜냐하면 내가 아주 많이 변해서
예의 바른 학생이 되었거든요.

앞으로도 우리 가족이 행복해질 수 있도록
더 많이 노력할 거예요.

오늘도 할 일을 손가락으로 접어 보면서

학교에 가요.

상담 선생님이 전하는
아이들의 진짜 속마음

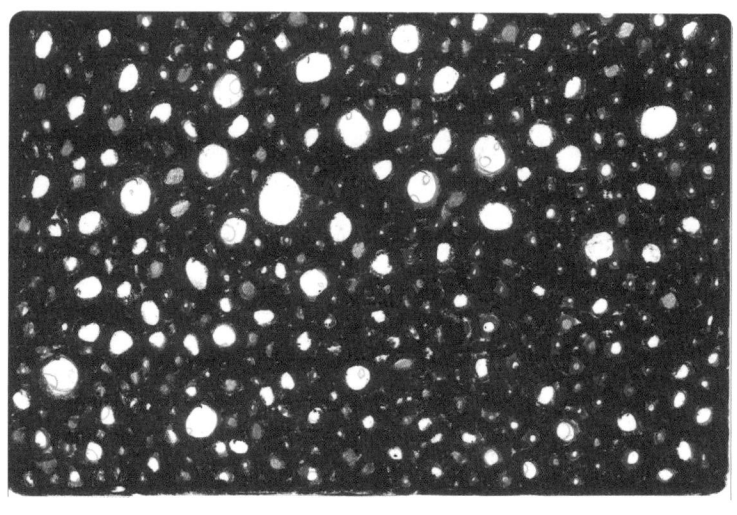

아무런 힘이 되지 못한 학교

점심시간을 알리는 소리~~
급식실로 달려가는 아이들 목소리가 요란하다.
엄청 시끄럽다.
그렇지만 그 왁자지껄한 잠깐의 호흡이 반갑기도 하다.

나의 단골손님이 된 아이들은 급식을 재빠르게 먹어 치우고는 마칭 밴드 퍼레이드라도 하듯 화려하게 등장한다. 앞머리에 커다란 구루프를 말고 있는 아이의 지휘 아래 양옆으로 드럼 라인, 관악기 라인을 연상시키듯 쪼르르 줄 서서 들어온다. 교복 한쪽 겨드랑이는 불룩하다. 화장품 가방을 숨겨 넣느라 애쓴 모양이다.

"안녕하세요!" 인사도 우렁차다.
확성기를 단 것 같은 목소리만으로도 눈이 동그래지는데 찰지게 쏟아 내는 욕설은 그야말로 헛웃음이 절로 난다. 도대체 저런 욕은 어디서 배운 걸까. 어릴 적 동네 욕쟁이 할머니에게서나 들어 본 듯한 수위 높은 욕이다.

어이없는 표정으로 입을 다물지 못하고 가만히 보고 있으면 그제야 나의 시선을 의식하며 입을 조물거린다. 그렇게 잠시 눈치를 보다 이내 다시 욕이 튀어나온다. 눈을 질끈 감아 주다 아이 이름을 부른다.

"앗! 조심할게요." 대답은 수줍다.

등을 돌리고 앉아 화장품 가방을 풀어놓는다. 들키지 않으려는 노력이 무색하게 화장품 종류가 많고도 많다. 어설프지만 정교하게 속눈썹을 찍어 올리고, 마스카라로 힘주어 눈썹을 세우고, 아이섀도와 틴트까지 바르고 나면, 거울을 들고 몸을 뒤로 젖혀 고개를 살살 움직여 가며 화장 상태를 점검한다. 만족감에 젖은 미소를 보인다. 이렇게 화장이 완벽하게 끝나면 게임을 시작한다.

테이블에 손을 얹고,

"자~~ 시작할까?" 한 아이의 시작 신호에 일제히

"좋아~" 대답이 떨어지면

"아싸~ 아싸~ 아싸~ 아싸."

테이블을 치고, 손뼉을 치고, 질문에 답을 하는 손 놀이 게임은 극

도로 흥겹다. 그것은 힘들었던 오전 시간에 대한 환희의 외침인 것 같기도 하고, 하기 싫은 공부를 억지로 할 수밖에 없었던 지루함에 대한 복수의 외침인 것 같기도 한, 구분 안 되는 절규이다. 이유야 어찌 되었든 아이들에게 그렇게 즐겁게 보내는 순간이 있을 수 있다는 것에 감사하며 시끄러움을 허용한다. 혼을 다 빼가는 그 게임은 점심시간이 끝나는 종이 울려야 벌떡 일어난다.

"안녕히 계세요."를 크게 외치고 순식간에 솨~~악 빠져나간다.

그렇게 거친 호흡을 내려놓고 떠난 자리에, 조신조신 발걸음도 가벼운 낮은 호흡의 아이가 들어온다. 어쩜 저리 가벼울까 싶다. 방금 화장을 예쁘게 하고, 최선을 다해 고함을 지르다 나간 아이들의 호흡 2%만 뚝 떼어 이 아이의 호흡에 더해 줄 수 있다면 참 좋겠다.

"세 살 무렵 어머니와 헤어졌습니다. 아버지와 이혼하신 어머니는 언니랑 같이 살고, 저는 할아버지랑 아버지랑 살았습니다. 초등학교 4학년 때 할아버지가 돌아가신 후부터는 아버지랑 둘이 살고 있습니다. 아버지가 일하러 가시면 저는 혼자 책을 읽으며 지냈습니다. 혼자 있는 시간이 아주 심심했지만, 책 읽는 것은 참 재미있었습니다. 친구들에게 왕따를 당한 적도 있습니다. 저는 같이 놀고 싶었지만 나랑 놀아주는 친구가 없었습니다. 그때는 참 암담했습니다. 그런데 제 편을 들어준 친구가 한 명 있습니다. 그 친구랑 여기 학교에 같이 오게 되었습니다. 저에게는 유일한 친구인데 그 친구가 요즘 이상해졌습니다. 저를 종처럼 부린다는 느낌이 들어서 너무 힘이 들었습니다. 하굣길에 자기 책가방을 저보고 들으라고 하고, 편의점에서 음료값을 저보고 내라고도 합니다. 쉬는 시간에는 자기네 교실 앞에 와서 기다리라고 하고 어쩌다가 늦으면 화를 냅니다. 그러면서 저에게 이기적이라고 하는데 그 이유를 알 수 없어서 너무 슬픕니다."

낮은 목소리로 묻는 말에 대답은 잘하는데 어쩐지 뭔가 좀 다른 느낌이다. 가만히 보니 하는 말이 모두 문어체이다.

"오늘 아침에도 슬펐습니다. 8시에 저쪽 사거리 신호등 앞에서 만나기로 했는데 10분을 기다려도 나오지 않았습니다. 어찌 된 영문인지 알 수가 없어서 30분까지 기다리다가 저는 그냥 학교로 왔습니다. 그랬는데 1교시가 끝나고 교실에 찾아와서는 왜 끝까지 기다리지 않았느냐며 막 화를 냅니다. 저는 진짜 무엇을 잘못했는지 전혀 모르겠습니다. 친구에게 잘해주고 싶은데 도저히 마음을 알 수 없어 답답합니다."

깊은 한숨과 함께 흐르는 눈물은 진짜 답답하고 억울한 마음의 눈물인 듯 보인다. 어깨가 들썩인다. 나도 가슴이 답답해진다.

위로의 말을 한 템포 늦추려 입술을 힘주어 물었다 놓았다를 반복한다. 또다시 하고 싶은 말들을 모아 침과 함께 꿀꺽 삼킨다. 무심한 듯 휴지를 뽑아 반듯반듯 작은 네모로 접어 아이 손에 쥐어 준다. 더 이상 눈물을 닦을 필요가 없어질 때까지 가만가만 힘없는 휴지를 접어 건네기만 반복했다.

심층 심리검사가 필요해 보였다. 다행히 가정형편이 어려운 아이들을 위한 약간의 심리치료비가 책정되어 있고, 지역자치단체를 통해 치료비를 지원받는 방법으로 아버지 동의를 얻어 정신의학과에 검사를 의뢰했다.

몇 주가 지나 의뢰한 병원으로부터 연락이 왔다.
"검사 결과를 들으러 아버지가 내원해야 하는데 바빠서 올 수 없다고 하시니, 결과 안내를 대신 할 보호자로 의뢰하신 선생님이 오셔서 들으셔야 할 것 같다"

"검사 결과 발달장애에 해당됩니다. 이 아이는 양육과정에서의 방임으로 인한 지적 능력 저하로 아동학대에 해당한다고 볼 수 있습니다. 차라리 부모 자격을 박탈하고 보육 시설기관에서 생활하는 것이 이 아이를 위하는 길일 수도 있어요."

 선해 보이지만 냉정한 정신과 의사 선생님의 진단 결과였다.
 답답한 마음에 역정을 내주시는 선생님의 직업 철학에 감동하며 소견서를 받아들고 학교로 돌아왔다.

 열여섯 살이 되어서야 지적장애임을 알게 되다니,
 알았을 때가 가장 빠를 때라고 하지만 너무한다 싶다.
 성장 과정에서 만난 어른 중 단 한 명이라도 아이의 다름을 알아차려 적절한 교육을 받을 기회를 마련했더라면 지금처럼 친구의 심리적 폭력에 대응하지 못하고 슬퍼하기만 하진 않을 텐데… 지금 보다 훨씬 의미 있는 학교생활을 할 수 있었을 텐데… 수많은 어른을 만나면서 학년을 올라왔는데 오랜 시간 혼자였던 아이에게 참 많이 미안하다.

 이제라도 알았으니 다행이다. 할 수 있는 것까지는 해야 한다는 생각에 아버지에게 내교 통지를 보냈다. 그런데 이상하다. 보통의 경우 자녀가 학교에서 어려움을 겪고 있다고 하면 단숨에 달려오고도 남을 텐데, 이 학생의 아버지는 바쁘다는 이유로 달을 넘기고, 퇴근 시간도 훌쩍 넘긴 밤 8시에 약속을 잡았다.

아버지가 오셨다.

한눈에 야속함이 무너졌다.

한눈에 무심할 수밖에 없는 이유가 보였다.

한눈에 어쩔 수 없음이 설득됐다.

배운 것 없고, 가진 것 없으니, 시키는 일 열심히 해야 먹고 살 수 있는 가난한 노동자. 어느 건설 현장에서 저렇게 땀 흘려 일을 하셨기에 묻은 흙을 닦아낼 겨를도 없으셨을까? 딸내미 학교 오는 길이니 웬만하면 작업복 벗어놓고 말끔한 옷으로 갈아입었을 텐데….

  흙이 말라붙어 딱딱한 신발 위에 잇몸 활짝 드러내며 웃는 아버지의 이 없는 웃음이 처연하다.

어떻게 아이에게 이렇게 무심할 수 있는지 강력하게 말하리라 작정하고 기다렸던 나는, 아버지의 고단함에 숙연해진 겸손으로 아이의 상태만을 담담히 다정하게 전했다. 다만, 앞으로 아이의 성장을 위해 학교가 추천하는 활동에 아이가 참여하도록 동의하는 것을 약속하고 만남을 정리했다.

  먹고 살기 힘든 아버지,

자식으로 살아내느라 힘든 딸,
아무 힘이 되어주지 못한 학교.

어떤 말도 위로가 되지 않는 날이다.
아니, 점심시간에 깔깔거리며 쏟아 내던 아이들의 그 찰진 욕을 허공에 대고 맘껏 하고 싶다. 아주 오랫동안 큰 소리로….

아이가 묻는다.
"선생님, 제가 할 수 있는 일이 뭐가 있을까요? 유학도 가고 싶고, 아이들을 돕는 사람이 되고 싶은데 어떡하면 그 일을 할 수 있을까요?"
동그랗고 마알간 눈동자가 빛을 내며
그 낮은 호흡이 조용 조용 묻는다.

그래! 찬란한 너의 미래를 우리 같이 찾아보자!

녹음해도 되겠습니까?

"선생님, 진짜 너무 놀라워요. 지난번에 의뢰했던 우리 반 아이 있잖아요, 완전히 달라졌어요, 그 아이가 요즘 반 분위기를 얼마나 행복하게 만들어 주는지 몰라요. 선생님께서 마법처럼 아이를 변화시켜 주셨어요."

후훗.

이렇게 기적 같은 일이 매일매일 일어나서 만나는 아이들의 담임 선생님께 이런 메시지를 받았으면 좋겠다. 상상이 현실이 되길 바라는 마음으로, 진짜 마법사가 된 것 같은 마음으로 아이를 만났다.

교복이 아주 잘 어울린다. 첫눈에 그냥 아이돌 같다. 인사는 따로 없다. 자신만만한 음성으로 "선생님이 여기 가라고 했어요." 하며 들어왔다. 어깨를 늘어뜨리고 흐느적거리는 걸음걸이가 아쉽다. 정리되지 않는 언어를 쉼표 없이 쏟아 낸다. 허락 없이 닫힌 사물함 문을 모두 열어본다. 간식 창고 앞에서 과자봉지를 하나 꺼내더니 "저 이거 먹을

게요."라고 말한다.

'저 이거 먹어도 되나요?'가 아니라, '먹을게요.'라고 말한다. 질문에 대답도 하기 전에 벌써 과자봉지를 뜯으며 비스듬히 의자에 걸터앉아 과자를 먹고 있다.

욕망, 욕구로 가득 찬 아이.

매슬로우 1단계 생리적 욕구 상태에 머물러 있는 듯 보인다. 예의를 무시하는 게 아니라 예의를 모르는 것 같다. 태연하게 과자를 입에 넣는 그 손가락은 몹시도 하얗고 곱다.

"가장 자랑하고 싶은 거요? 잘생겼다는 거예요. 저요, 요즘 걱정이 생겼는데요, 우리가 연애하면 결혼하잖아요, 근데 왠지 금방 질려서 정떨어질 것 같아 결혼은 진짜 하기 싫어요. 저는 예쁜 여자가 좋아요. 예쁜 여자 만날 거예요. 성격이 나빠도 예쁘면 좋아요."

입에 있던 과자를 꿀꺽 삼키며 웃음이 만발한 표정이 어쩐지 예쁜 여자를 만나는 상상으로 즐거운 듯 보인다. 아무튼 예쁜 여자를 옆에 두고 싶은 건 전 국민의 소망인가 보다.

"그런데 말야, 이렇게 화나는 거 못 참고 지난번처럼 교실에서 난리 부리는 행동하면 예쁜 여자친구 만나기 어려울 텐데 어쩌지?"
 흐려진 내 말끝에 조금 의아한 눈빛으로 빤히 바라보다 자세를 바로 세워 앉으며 목소리가 커진다.

"괜찮아요, 우리 집은 다른 집에 비해 아주 넓어요, 또 나는 억만장자가 되어 있을 거거든요. 그 방법은 간단해요. 아버지가 하는 사업을 물려받으면 되거든요. 아버지가 공부하기 싫으면 하지 말라고 했어요, 그렇지만 학교는 졸업해야 한 대요. 그래서 진짜 학교 오기 싫은데 억지로 나오는 거예요."

 사회적 지위를 누리며 사는 듯한 포스로 부모님이 오셨다. 어머니 혼자 오시기로 약속되어 있었지만 마침 아버지가 일정이 없어서 같이 오게 되었다는 어머니의 설명이다. 명령으로 사람을 대하는 태도가 익숙한 듯 아버지는 간단한 목례를 나누고 자리에 앉아 핸드폰을 테이블 위에 올려놓으며 말한다.
"제가 상담 내용을 녹음해도 되겠습니까?"
 목소리가 무겁다.
"그럼요. 녹음하셔도 괜찮습니다."
 힘주어 바라보는 눈을 보며 주저함 없는 나의 대답과 미소가 의아한 듯 해명을 시작한다.

"아니, 혹시 선생님 말씀을 놓칠까 싶어서요. 나중에라도 다시 듣고 참고할까 해서요."

투명한 매니큐어로 손톱 관리가 잘 된 굵은 아버지의 손가락이 핸드폰 녹음 버튼을 누른다. 다시 한번 상냥한 대답을 여유 있게 보내며 꼭 다시 들어 보기를… 아니, 지금 이야기 나누는 과정 어느 지점에서 마음이 움직여지는 변화의 순간이 있기를… 그런 순간이 기적이 되어 가정에 평화가 오기를… 기도하는 마음으로 고개를 끄덕여 주며 나도 자세를 고쳐 앉았다.

"저희 집은 보시다시피 정상 가정입니다. 애들 엄마도 집에 있으면서 부족함 없이 해주는데 애한테 왜 이런 일이 자꾸 생기는지 모르겠습니다. 솔직히 담임 선생님이 전화하셨을 때 물어보고 싶었는데… 이 정도는 남자애들이 크면서 누구나 있는 일 아닙니까?"

다소 볼륨 있는 목소리는 눈가에 주름을 만들었다.

"맞아요, 아버님, 아이들이 크는 과정에서 있을 수 있는 일인 건 분명해요. 그렇지만 모든 아이가 이와 같은 행동을 보이지는 않아요. 그래서 지금이 가장 중요한 시기로 보여요. 부모님께는 삶에 희망이고 꿈인 아이를 위해 우리가 도울 방법을 같이 고민할 때가 된 것 같아요."

아버지가 잠시 말이 없는 사이, 내내 듣고만 있던 어머니가 작은 목소리로 묻는다.

"어떻게 하면 될까요?"

어머니는 이미 오래전부터 아이의 상황을 문제로 인식하고 전문적 도움을 받아야 한다는 것에 동의했지만 아버지는 필요 없다고 했다. 초등학교 때부터 아이는 심리적 어려움을 겪고 있었고, 친구와의 갈등으로 여러 차례 부모의 학교 방문을 요청 받아 다녀왔다. 그 때마다 아버지는 적극적으로 아들의 입장을 대변했고, 오히려 학교에 강력하게 이의를 제기했다. 학급에서 과격한 행동으로 친구들과 갈등을 보인 날 가정에서의 지도를 요청하면, 담임 선생님에게 내용증명을 보냈고, 학교 생활지도의 어려움을 알릴 때마다 변호사를 대동하고 학교를 찾았다.

그때 담임 선생님은 얼마나 암담했을까?

교육청 변호사를 통한 조언 외에 법적 책임을 막아줄 제도적인 방패막이가 없었으니 말이다. 모든 책임은 교사가 져야 했다. 그래서 교사는 아이의 정서 상태를 제대로 전달하는 것조차 몹시 부담스러워했고, 그로 인해 아이는 자신이 누려야 할 학생으로서의 권리를 아버지에 의해 박탈당한 것이다.

　가정에서 부족한 부분은 학교가 채워주고, 학교에서 부족한 부분은 가정에서 채워주며 사회인이 될 준비를 해야 하는데, 그런 기회를 얻지 못했다.

　아버지는 그동안 가정을 위해 열심히 노력했다. 부부와 자녀 셋, 식구 수에 비해 넓은 아파트에 살며 고급 승용차를 탄다. 경제적인 불편감은 없었고, 아이들 물건은 모두 명품이며 용돈도 넘치도록 충분했다. 그동안 가족을 위한 아버지의 노력이 빛이 났지만, 이제 또 다른 변화를 위해 노력이 요구된다. 경제적인 면에서만 성공한 아버지의 모습이 슬퍼 보인다.

　이랬으면 어땠을까?
　꽃향기 날리는 봄날, 부모님 손잡고 나간 들녘에서
　갓 솟아 오르는 새싹하나 발견하는 순간이 있었더라면,
　별이 쏟아지는 여름밤에, 온 가족이 나란히 누워
　밤하늘의 별을 세어보는 순간이 있었더라면,

하늘 높은 가을날, 햇볕을 등에 업고 공원에 앉아

색깔 예쁜 단풍으로 만든 액자 속에 가족사진을 넣어보았다면,

눈 내리는 겨울날, 같은 색깔의 장갑을 끼고

커다란 눈사람을 만들며 눈싸움으로 즐거웠던 순간이 있었더라면….

그랬다면,

수업 시간에 준비물 없는 친구에게 내 것을 슬쩍 내밀며 '같이 쓰자'라고 할 수 있는 배려가 몸에 있었을 텐데….

가난한 친구가 365일 체육복을 입는다는 것을 알아차리고 명품 옷은 집에서만 입는 아들이었을 텐데….

아파트가 아닌 좁은 집에 사는 친구에게 우리 집은 100평이라는 것을 자랑하지 않는 아들이었을 텐데….

그랬더라면 우리 아들은 학교에서 어떤 모습이었을까?

지금쯤 고급 승용차는 교문을 향해 가고 있을 것이다. 아버지가 다닐 때보다 좁아진 아들의 학교 운동장에서 어린 시절 아버지의 학교 운동장을 추억하고, 저쪽 운동장 끝에 흐드러지게 피어 있는 화사한 벚꽃의 봄날을 바라보며 큰 호흡으로 녹음 파일을 다시 듣기를….

내용증명 같은 우편물이 내 손에 날아들지 않고 꽃잎처럼 사라지기

를… 소심하게 쫄아 있는 나의 속마음에게 중얼거려본다.

건강한 아이로 성장할 수 있도록 돕는 어른이 주변에 없는 아이.

아직도 마냥 어린아이 상태로 키만 훌쩍 커버린 아이,

덕분에 아무도 반겨주는 사람이 없는 아이.

꼭 억만장자가 되지 않더라도 행복하게 잘 살았으면 좋겠다.

가진 게 없어도 하늘을 무대 삼아 자유로운,

도란도란 사랑을 나누며 살아가는 저 작은 새들처럼….

모두에게 인정받고 싶은 마음

어쩜 저렇게 앙증맞은 마스크가 있을까~
노란색 스마일 스티커가 화사하게 먼저 들어왔다.

모닝커피를 내리려다 말고 돌아서서 아이를 맞았다.
아이는 나의 밝은 웃음과 다정함이 어색한 듯 시선을 떨구었다. 대충 걸쳐 입고 나온 듯 교복 위의 후드 집업 가디건이 한쪽으로 기울어져 있다.
낯설어서일까, 어깨 옆에 늘어진 후드를 잡아주는 긴 스트링 끈을 양손 검지손가락에 걸어 돌돌 말기 시작한다. 손가락이 새하얗다. 떨고 있는 아이는 꼭 길 잃은 사슴 같다.
"물 좀 마실까?"
목소리 톤을 가다듬었다. 간결하지만 섬세한 목소리로 들려지길 바라면서 물었다. 말없이 고개를 끄덕이는 아이를 테이블에 앉히고 탕비실로 갔다.

빛나는 색깔 컵들이 오늘따라 더 반짝인다.

진달래 빛 컵에 뜨거운 물을 가득 담아 한 번 데우고, 다시 뜨거운 물과 차가운 물로 따뜻한 온도를 어림잡아 한 컵 받았다. 옹송그리고 앉아 있는 뒷모습이 가냘파서 벌써 마음이 떨린다.

새하얀 받침 위에 진달래 빛 물컵을 얌전히 내려놓았다.

아이가 물을 마시는 동안 아까 내리려다 만 커피에 물을 부었다. 뜨거운 물을 붓자 종이필터 위로 커피 거품이 봉긋하게 부풀어 올랐다 가라앉는다. Jamaica Blue Mountain. 파란색 비닐 커피 봉투가 눈에 들어왔다. 그랬지, 어느 다큐멘터리 TV프로그램에서 열네 살 흑인 아이가, 할아버지처럼 커피 농부가 되겠다고 했었지. 기르고 내다 파는 여정이 몹시 힘든 일이지만 돈을 벌어야 하므로 학교에는 갈 수 없다고, 대신 커피 농부로 부자가 되겠다던 아이가 생각났다. 그 아이의 웃음을 내려 담은 커피 잔을 들고 나도 아이 옆에 앉았다.

"진짜 죽고 싶었던 거니?"

시선을 맞추지 못하는 아이 입을 바라보며

'꼭 그런 건 아니었어요.'

라는 대답을 기대했지만, 쉼표 없이 들려오는 대답은

"네, 그냥…."

입술을 한번 깨물고 다시 말을 시작한다.

"이렇게 살아서 뭐하나, 하는 생각이 들었어요.

잘하는 것도 없고, 하고 싶은 것도 없고…."

작은 목소리는 이어졌다 멈추기를 반복했다. 간간히 흐르는 침묵을 허락하며 커피를 한 모금 마셨다. 아이도 물 잔을 두 손으로 감싸 쥐었다. 열네 살 어린아이가 그렇게 죽음을 말하고 있다.

저 여린 손으로 옥상 난간 바를 잡았다 놓기를 반복했다니, 그 상황이 너무나 선명하게 그려져서 아찔했다.

눈을 감았다. 얼마나 외롭고 무서웠을까….

아이의 얇은 등이 부서질 것 같다. 가만히 손을 잡았다.

긴 시간 혈액이 흐르지 않은 것처럼 싸늘하다.

그 서늘함이 꼭 내 잘못인 것 같다.

그럼에도 불구하고 학교에 올 수 있었던 이유가 무엇인지 궁금했다.

그때서야 무심한 눈빛에 잠깐 생기가 돌았다.

"친구가 있어서요. 학교에 친한 친구가 있거든요.

마지막 인사를 적은 종이를 책상 위에 올려놓고 친구에게 인사를 남겼어요. 그리고 엄마가 차려준 아침밥을 아무 일 없는 듯 몇 숟가락 입에 대고 학교에 가겠노라 하고 옥상으로 올라갔어요. 바람이 시원했고 새소리도 들렸던 것 같아요. 잠깐 엄마 목소리가 생각나서 망설여지긴 했지만, 난간에 섰어요. 모질게 마음먹고 그 자리에 섰지만 무섭고 떨리더라구요. 그래서 내려왔어요. 다시 용기 내서 올라가려고 하는데 전화벨이 울리는 거예요. 순간 깜짝 놀랐어요. 전화기를 껐다고 생각했거든요. 정신이 번쩍 들면서 지금 내가 무슨 짓을 하고 있는 거지? 내 자신이 너무 무서웠어요, 그래서 얼른 전화를 받았어요.

"학교 가자~~ 왜 안 내려와."

짜증 섞인 친구 목소리에 눈물이 났어요.

"매일 아침 이렇게 학교에 갔는데, 학교 가고 있는 친구는 저 멀리 다른 세상에 있는 것만 같았어요. 정신은 아득했지만 빨리 내려가야 할 것 같았어요. 엘리베이터를 타고 1층까지 내려오는데 그때서야 마음이 따듯해지면서 눈물이 쏟아졌어요. 상황을 모르는 친구들은 나를 보자마자

'왜 울어, 왜 이렇게 늦은 거야.' 고함을 쳤어요.

그 말이 너무 고마웠어요. 그동안 학교 가는 길이 이렇게 행복했었구나, 그때 처음 알았어요."

들숨과 날숨을 반복하며 계속되는 아이의 이야기는 한없는 불안이 었다.

"나 다운 삶을 살고 싶었어요.
실패에 대한 두려움을 극복하고 싶었어요.
나의 미래가 아주 많이 걱정돼서 무서웠어요."

학교에는 연예인이 되고 싶은 아이들이 참 많다. 아이들뿐 아니라 우리나라 사람들이 되고 싶어 하는 상위 직업 중 하나가 연예인이라 하니, 스타성 있는 아이가 아니더라도 무대에 있는 상상만으로 행복감을 높여주는 선망의 직업임에 틀림없다.

그랬다. 사슴 같은 이 아이도 연예인이 되고 싶었다.
외모와 신체가 예쁜 건 기본이었고, 공부도 잘했고, 친구 관계도 좋았다. 덕분에 자신감 있게 학교생활을 하고 있었다. 그랬는데 처음 보는 친구가 복도를 지나가면서 빤히 쳐다보더니 '저게 뭐가 예뻐, 에이 별로네.' 하고 가버렸다. 여러 아이들 앞에서 그런 말을 듣게 되니 당황스럽고 부끄러웠다. 처음엔 놀라서 화가 났고 다음엔 창피하고 속상해서 화가 났다. 더 날씬해지기로 결심하고 헬스를 시작했고, 더 예뻐 보이려고 일찍 일어나서 정성 들여 화장했다.

그렇게 노력을 하고 있었는데 갑자기 모든 것이 귀찮고 의미 없게 느껴졌다. 그냥 이유가 없다. 그냥 아무것도 하기 싫어졌다. 점점 늦잠 자는 날이 많아지고 지각과 결석을 반복하게 되고 이런 자신이 한심하고 답답해서 그냥 죽고 싶었다고….

모든 사람에게 사랑받고 싶은 마음.
모든 사람에게 인정받고 싶은 마음.
반듯반듯 완벽해지고 싶고 연예인 같아 보이길 바라는 아이들!
연기자가 되는 것에서 외모가 절대적인 것은 아니라고….
개성 있는 연기를 위한 실력이 중요한 거라고….
수도 없이 들었을 법한 그 뻔한 말이 목까지 올라오는 걸 꿀꺽 눌러 삼켰다.

식은 커피 한잔을 마시고 다시 목소리에 힘을 넣어본다.
"완벽하지 않아도 너는 너여서 예뻐, 너는 너여서 예쁜 거야."
가늘고 긴 하얀 손을 쓸어주며 그렇게 말하다 목이 메었다.
아이를 엄마와 함께 집으로 보내고 전화기를 들었다.

자본주의 시대를 살아가는 우리에게 객관적으로도 잘 사는 집, 사모님 조건을 모두 갖춘 형편 좋은 친구가 있다. 집도 몇 채나 되고, 크고 좋은 외제 차를 타고, 취미생활만 하며, 자녀 둘 다 명문대에 보내고 자랑으로 하루가 즐거운 친구.

그 친구가 사는 게 재미없다고, 그래서 우울하다고 하는 말에 나도 모르게 화가 났다. 우울하다는 말이 사치스러워 보여서 혼자 절교를 선언하고 연락을 끊었다. 아니 어쩌면 그것이 진심일 것 같아서 마음이 불편했다. 그 친구가 생각났다. 뜬금없이….

오랜만이라는 건조한 인사를 하고 물었다. 아침은 먹었느냐고…. 아픈 데는 없느냐고…. 의미 없는 듯 의미 있는 무심한 일상을 몇 마디 나누고 전화를 끊었다. 기억 속에 있는 외로운 사람들에게 애써 안부 전화를 걸어보며 중얼거린다. 사는 게 뭐라고….

나를 소중하게 생각해 주는 사람들과 인사 나누며 사는 것
그것이 사랑일 테지.

다시 빨간색 잔을 꺼냈다.
Jamaica Blue Mountain. 파란색 비닐 커피 봉투를 열어 향을 마셨다.

다시 커피를 내린다.

다시 기다린다.

햇살 좋은 창가에 서서….

3부

내 인생이에요, 알아서 할게요

: 고등학생 이야기

선생님은 니체를 아세요?

1.

친구들이 한번 해 보라고 해서
진짜 호기심으로 시작했어요.
처음엔 숨쉬기도 힘들고 기침도 나서 좋은 줄 몰랐는데
몇 번 해 보니까 기분이 좀 좋아지는 것 같기도 하고
왠지 어른이 되는 것 같아서 계속하게 됐어요.

느닷없이 가정통신문을 찾는다고 가방을 뒤지는 바람에
꼭꼭 숨겨놓았던 보물을 들켜버린 거죠.
엄마는 내 보물 가방을 안고 울고불고 난리가 났어요.
그게 그렇게 통곡할 일인지 너무 어이가 없더라구요.

건강을 해친다는 거 저도 알아요.
포장에 그림이 얼마나 살벌하다구요.

폐암에 걸려도 내가 아플 거잖아요.
그런데 왜 그렇게 난리인지 모르겠어요.

퇴근하고 돌아온 아빠가 엄청 화를 냈어요.
아니, 거기서 공부 얘기를 왜 하는 건데요.
아니, 거기서 내 친구들 얘기를 왜 하는 건데요.
짜증나서 말대꾸 한번 했다가 얻어맞은 거예요.
솔직히 이게 맞을 일인지 모르겠어요.

그런 집에 제가 살고 싶겠어요?
그래서 집을 나왔어요.
친구 집에서 지낸 지 일주일 됐어요.

아빠는
다시는 안 하겠다는 결심을 하기 전까지는
절대 집에 들어올 생각도 하지 말라고 했고,

나는
다시는 안 하겠다는 결심을 하기가 어려워서

절대 집에 들어가지 않을 거라고 했어요.

2.

엄마 아빠가
선생님을 만나고부터 좀 부드러워져서
저도 조금씩 줄여보려고 노력 중이에요.
요즘 진짜 많이 줄었어요.

어제, 매일 만나서 같이 노는 선배가
갑자기 니체 얘기를 하는데 그게
너무너무 멋있어 보이는 거예요.
철학자라고 했는데 선생님은 니체 알아요?
니체가 크리스천이었다는데 맞아요?
암튼, 그 멋있는 선배를 담에 또 만나면
나도 하나님 얘기, 니체 얘기 좀 하면서
아는 척 하려고 좀 전에 도서관에서 책을 빌렸어요.
그 사람이 쓴 책이 많더라구요.

엄마 아빠도 니체까지는 아니지만

하나님이 다 보고 있으니까 그렇게 살면 안 된다고
그런 적이 있거든요.

도대체 하나님이 어디 있다는 건지 모르겠어요.
내 몸에 딱 붙어 있을까요?
어디에 붙어 있을까요?
선생님은 알아요?

 3

"그럼. 하나님은 너와 함께 계셔~"
"어디요?"
"지금 숨 쉬고 있잖아."
"네?"
"숨은 네가 쉬고 싶다고 쉬고
쉬고 싶지 않다고 쉬지 않을 수 없잖아.
그래서 너는 하나님의 작품인 거고
그래서 너는 귀하고 소중한 사람인 거야.
그래서 너는 세상에 하나뿐인 존재로
아름다운 거야.

부모님도 그걸 아시니까
네가 이 세상을 살아가는 동안
아름답고 귀하게 잘 사용되는 사람으로
살아주길 바라는 거지.
네가 스스로를 더 소중하게 여겨주길
원하셨을 거야.
그걸 잘 모르고 있는 것 같아 보이니까
속상하셨을 테고….

음… 그래요?
그럼, 생각 좀 해봐야겠네요.

보고 싶어서 그랬어요

학교에서 그러면 안 되는 거 알아요.
그렇지만 보고 싶은데 어쩌겠어요.
수업 시간 내내 너무 보고 싶었어요.
선생님 말은 하나도 안 들리고
남자친구 얼굴만 생각났어요.

드디어 수업 끝을 알리는 종소리에
전속력으로 달려갔어요. 남자친구도
복도 끝에서 달려오고 있더라구요.

우린 꼭 껴안았어요.
힘센 남자친구가 나를 안고
한 바퀴 빙~ 돌렸는데, 하필이면 그때
선생님이 우리 옆을 지나가실 건 뭐래요.

학생부로 갔어요.

학교에서 그러면 안 되는 거 저도 알아요.

자제해야 한다는 것도 잘 알아요.

그렇게 생각하고 또 다짐하는데

자꾸만 보고 싶어서 너무 힘들어요.

수업 시간은 왜 이렇게 긴 거예요.

힘없는 아빠를 보는 건 너무 힘들어요

우리 아빠는 집에만 있어요.
얼마 전부터 일을 할 수 없게 되었대요.
그렇게 아빠가 집에서 종일 컴퓨터 게임을 하는 대신
엄마는 새벽이 되어서야 집에 돌아오게 되었어요.

오늘 아침에는
내가 학교 가기 위해 집을 나설 때까지
아빠는 계속 게임을 하고 있었어요.
지금도 분명히 거실 소파에서 자고 있을 거예요.

아빠가 소파에서 자는 걸 보면
이유 모를 화가 치밀어 올라서
괜히 동생한테 고함을 치게 돼요.

주섬주섬 학원 가방을 챙겼어요.

학원에 가려고 하는 게 아니라

도서관에 가려는 거예요.

힘없는 아빠를 보는 것보다

도서관에 가서 앉아 있는 게

더 나을 것 같아요.

힘없는 아빠를 보는 건 너무 힘들어요.

학교 공부는 재미없어요

솔직히 나는 학교 공부가 재미없어요.
학원에서 이미 다 배운 내용을
왜 다시 배워야 하는지 모르겠어요.
가끔은, 학원 선생님이 더 재미있게 가르쳐주기도 해요.
그래서 수업 시간에 다른 짓을 하게 되는 거죠.

오늘 수학 시간은 진짜 견디기 힘들었어요.
그래서 그냥 엎드려 있었더니 선생님이 나를 깨웠어요.
자고 있는데 깨우는 건 엄청 짜증 나는 일이거든요.
그래서 왜 깨우냐고 화를 냈더니 선생님이
엄마한테 전화하신 거예요.

왜 선생님께 버릇없이 구는 거냐고요?
그럼 화가 안 나겠어요?

나도 선생님한테 버르장머리 없는 애가 되고 싶진 않아요.
매일매일 다 아는 공부 시간은 진짜 힘들다구요.

공부는 한 곳에서만 하면 안 되나요?

나도 일류대학에 가야 해요

우리 아빠는 일류대학을 나오셨대요.

그래서 그런지 공부 못하는 나를 이해 못해요.

유치원 때부터 그랬어요.

어쩌면 태어났을 때부터 그러셨을지도 몰라요.

어릴 때부터 아빠가 정해준 숙제를

하지 않은 날이 없어요.

그건 내가 공부를 좋아해서가 아니라

안 하는 상황은 상상할 수가 없어서예요.

아빠는 틀린 문제 개수만큼 손바닥을 때려요.

가끔은 머리를 때리면서 틀린 문제를 고치라고도 해요.

나도 빨리 고치고 싶은데

머리가 흔들려서 문제를 고칠 수가 없어요.

그때의 심정은 진짜 비참하고 죽고 싶어요.

우리 아빠도 할아버지가

이렇게 공부를 시키셨겠죠?

일류대학, 저도 갈 수 있을까요?

영재반, 내가 없어졌어요

영재반에 합격한 날,
아빠랑 엄마는 엄청 좋아하셨어요.
친척들도, 아빠 엄마 친구들도요.

그런데 나는 영재반 수업이
너무 어려워서 따라갈 수가 없어요.
그래서 말했어요, 영재반 하기 싫다고요.

그 순간
뺨이 찢어졌어요.
내 몸이 날아갔어요.
세상이 까매졌어요.

집이 너무 무서워서 뛰쳐나왔어요.

동생 울음소리만 허공에 흩어지고

아무 소리도 들리지 않았어요.

무작정 앞만 보고 걸었어요.

깜깜한 밤이 되도록 하염없이 걸었어요.

몇 시인지도 모르겠고

여기가 어딘지도 모르겠어요.

내가 누구인지

집이 어디인지도 모르겠어요.

종교의 자유를 주세요

'모든 국민은 종교의 자유를 가진다'고
우리나라 헌법에 기록되어 있다는 걸
수업 시간에 알았어요.

매일 저녁 성경 암송하고
매일 밤 성경 한 장을 써야 하고
매주 예배는 꼭 참석해야 되는 우리 집.

돌아오는 일요일은 나의 절친 생일날.
친구들이랑 로데오 거리에서 쇼핑도 하고
노래방도 가고, 영화도 보기로 했어요.
그래서 이번 주는 예배 못 가겠다고 했지요.
그렇게 나의 권리를 주장했더니
그런 권리는 다른 집에 가서 찾으래요.

우리 집에는 그런 거 없다고요.

결국,
핸드폰 뺏기고….
용돈은 줄어들고….
귀가 시간 앞당겨지고….

하느님,
저는 대한민국의 건강한 학생이에요.
우리 엄마 아빠 마음에도
예수님의 사랑을 담아주세요.

나도 한국 사람이고 싶어요

아빠는 한국 사람, 엄마는 일본 사람
우리 집을 보고 다문화 가족이라고 해요.

두 분은
아빠가 일본에서 근무할 때 만나셨대요.
나는 엄마랑 있는 시간이 많아서 그런지
아빠가 하는 말이 이해 안 될 때가 많아요.
친구들이 하는 말도 이해 안 될 때가 많고
학교 수업 내용도 이해 안 될 때가 많아요.

한국말은 느낌으로 들어야 하는 것이 많은 것 같아요.
그 느낌을 알아채는 건 꼭 수수께끼 같아요.
얼마 전에는 이런 일도 있었어요.
사회 시간이었는데 한 친구가 갑자기

"역사책에서 일본이 빠지면 두께가

반으로 줄어들 거 같아." 하는 거예요.

그건 물론 그 친구 혼자의 생각이지만

나도 모르게 어깨가 슬쩍 움츠러들었어요.

독도에 관한 얘기가 나와도 그렇고

위안부 할머니 얘기가 나와도 그래요.

나는 한국도 좋고 일본도 좋아요.

한국말을 더 잘할 수 있어서 한국의 느낌을

다 알아챌 수 있었으면 좋겠어요.

잘 아는 사람이 내 몸을 삼켜버렸어요

아무것도 먹고 싶지 않아요.
아무 데도 가고 싶지 않아요.
"도대체 왜 그러느냐"고 엄마는 슬퍼해요.
나도 내가 왜 이러는지 모르겠어요.

아니,
나는 분명히 기억해요.

맘 좋게 웃어주던 그 얼굴을.
내 몸을 더듬던 그 손길을.

소리 내지 말고 가만히 있으래요

컴퓨터 게임을 하다가 알게 됐어요.

거의 매일 게임에서 채팅을 했어요.

그러던 어느 날 만나기로 했어요.

지하철역에서 만난 그 남학생은

집에 가서 가방만 놓고 영화를 보러 가자고 했어요.

집에 아무도 없으니까 괜찮다고

잠깐 같이 들어가서 가방만 놓고 나오자고요.

가방을 내려놓은 그 남학생이

나를 끌어안더니

내 몸을 만지기 시작했어요.

나는 아무 소리도 낼 수가 없었어요.

짐승같이 싸워야 속이 시원해져요

이상하죠?

미친 듯이 물어뜯고 싸워야 속이 시원해져요.

그것은 친구랑도 동생이랑도 마찬가지예요.

그냥 말로만 잘못을 이야기하는 건

관심이 없는 것 같아요.

좋게 말하는 건

이해받고 사랑받는다는 느낌이 없어요.

죽일 듯이 싸우고 난 후에야 미안해서

더 잘 해주고 싶어져요.

동생 다리에서 피가 나요.

엄청 많이 나요.

엄마 우울증 약은 내가 챙겨요

친구도, 엄마도, 오빠도, 선생님도
모두 다 나를 생각하고 걱정해주는데.
저는 왜 이렇게 외로울까요?
저는 왜 이렇게 불안할까요?

혼자될까 봐….
버려질까 봐….
너무 두렵고 무서워요.

늘 슬퍼 보이는 엄마가 말해요.
너의 존재 자체만으로 기쁨이라고요.
말은 그렇게 하는데 얼굴에 표정이 없어서
가슴이 찢어질 것 같아요.

사랑하는 방법은 참 단순해요

엄마가 나를 사랑한다고 말하는 건 진심이 맞아요.
그걸 어떻게 알 수 있냐구요?
알아차리는 방법은 의외로 간단해요.

아빠랑 헤어질 때 우리는 많이 힘들었어요.
내가 힘들었으니까 엄마는 더 많이 힘들었겠죠.
그럼에도 불구하고
헤어질 수밖에 없는 이유를 구체적으로 설명하면서
아빠를 지켜주지 못해서 미안하다고 사과하셨어요.

솔직히 엄마 혼자의 잘못은 아니잖아요.
그런데도 미안하다고 솔직하게 말해주는 엄마가
아주 정직한 사람 같아 보여서
진짜, 나를 사랑한다는 걸 알게 되었어요.

엄마가 나를 사랑한다고 말하는 건 진심이 맞아요.

그걸 어떻게 알 수 있냐구요?

알아차리는 방법은 의외로 단순해요.

춤을 좋아하는 나를 위해 같이 춤을 배웠고

K-POP 콘서트장에 같이 가서

같은 노래를 맘껏 부르고 같이 즐거워했어요.

또, 내가 좋아하는 친구 이름을 기억해서

다정하게 불러주는 노력은 나를 사랑할 때만

할 수 있는 행동이란 걸 느끼게 되었어요.

엄마가 나를 사랑한다는 건 진심이에요.

어떻게 알 수 있냐구요?

학교에서 몹시 기분 상해 돌아온 날도

이유를 묻지 않고 부드럽게 안아 주고,

잠들 때 손잡고 조용히 기도할 때

진짜, 엄마가 나를 사랑한다는 걸 느끼게 되었어요.

내가 엄마를 사랑하는 것도 진심이에요.

이제는 친구랑 노는 게 더 좋아져서
엄마랑 놀아 줄 수 없어 많이 미안했는데
엄마에게 멋진 남자 친구가 생겼어요.

엄마 남자 친구랑, 엄마랑, 나랑
셋이 만나는 날은 가장 행복한 날이 되었어요.
같이 있으면 웃는 순간이 많아서 기분이 좋아져요.
엄마가 기뻐하는 모습을 보면 내가 엄마를
사랑하는 건 진심이란 걸 느낄 수 있어요.

엄마가 많이 행복하길 바라는 내 마음을 보면
내가 엄마를 사랑하는 건 진심이에요.

5년을 잘 버텼는데 말을 해버렸어요

1

열세 살 어느 날이었어요.
그때까지 엄마랑 아빠가
다투거나 싸우는 건 본 적이 없어요.
그런데 갑자기 이혼했대요.

이제부터 같이 살 수는 없지만
엄마가 토요일마다 온다고 걱정하지 말래요.
대신, 나보고 아빠랑 살고 있으래요.

내 맘은 물어보지도 않고 어떻게 이럴 수가 있어요.
나는 남자니까 아빠랑 있는 거고,
누나는 여자니까 엄마랑 있는 거래요.
엄마 없는 집에 아빠랑 둘이 있는 건 상상하기 힘들어요.

몹시 화가 나고, 몹시 자존심 상해서 굳게 다짐했어요.

누구와도 말을 하지 않을 거예요.

2
약속대로 엄마는 토요일이면 집에 와요.
내가 좋아하는 음식만 열심히 만들어서
냉장고 가득가득 채워놓고
잘 챙겨 먹으라고 몇 번이고 말하고 또 말해요.

언제부터인가 엄마가 가고 나면
아무것도 먹고 싶지 않아요.
괜히 자꾸만 화가 나서
엄마가 만든 음식은 보고 싶지도 않거든요.
엄마가 다시 와서 냉장고를 열어보고
손도 안 댄 반찬들을 발견하면
"왜 편의점 음식만 먹는 거냐"고 엄청 화를 내요.
그렇게 화가 많이 나 있는 엄마를 보면 기분이 좀 나아져요.
얼마나 보고 싶었는지 모르는 엄마를 혼내주는 기분이에요.

요즘은 또 다른 맘이 생기기 시작했어요.
숨 쉬고 있는 내가 한심하기만 하고
배고파지는 내가 찌질하게 느껴졌어요.
그래서 손목을 긋기 시작했어요.
몸에다 그러면 안 된다는 거 아는데
그렇게라도 하지 않으면 숨을 쉴 수가 없어요.

학교도 싫고, 친구도 싫고, 햇빛도 싫고,
사람들 말소리도 싫고 모든 게 다 싫기만 해요.

무엇을 물어도 아무 말도 하지 않는 내가
답답한 선생님은 종이랑 펜을 주고
"써보라"고 하기도 하고 "해당하는 대답을
손가락으로 짚어 보라"고도 해요.
그런다고 대답하면 되겠어요?
나도 계획이 있는데….

이런 내가 밉기도 할 텐데
선생님은 이상하게 다그치지도 않고 기다려주기만 해요.

그래서 좀 안심이긴 해요. 이해받는 기분이랄까?
그래서 또 미안한 맘이 들기도 해요.

체육복을 갈아입다가
팔에 상처를 본 친구가 선생님한테 일렀어요.
이런 행동은 위험한 거라고 엄마한테 알린대요.

"안 돼요~ 비밀로 해주세요."
나도 모르게 말이 나와버렸어요.
누구와도 말하지 않기로 다짐하고
5년 동안이나 잘 버텼는데,
어이없게 무너져 버렸어요.

선생님은 내 목소리를 처음 듣는다고 반가워했지만,
"이건 생명에 관한 일이고 위험 행동이라 비밀보장이
안 돼."라며 무척 단호하게 말씀하셨어요.

3
그날 이후….

또 내 맘은 물어보지도 않고
엄마 아빠 마음대로예요.

이제는 엄마랑 살아야 한 대요.
엄마가 사는 곳에는 새아빠가 있어요.
누나는 아빠라고 부르는데
나는 아빠라고 부를 수가 없어요.
혼자 있는 아빠가 불쌍했다가,
그런 아빠가 미워졌다가,
행복해 보이는 엄마랑 누나한테
엄청 화가 났다가… 마음이 엉망진창이에요.

엄마네 집 아침 식사 시간은 많이 어색해요.
평화롭고 따뜻한 게 이런 것이구나!
내 인생에서 처음 느껴보는 감정이 생기거든요.
그러면 나도 행복해져야 하는 거잖아요.
그런데 점점 화가 난다고 해야 할까?
점점 허탈해진다고 해야 할까?
점점 외로워진다고 해야 할까?

이런 기분이 들 때면 차라리 빨리 집에서

나가는 게 나아요.

교실에 들어서자 숨이 막혀와요.

가슴을 찢어버리고 싶을 만큼 답답해요.

창문을 활짝 열었어요.

그때 눈치 빠른 힘센 친구가 내 몸을 잡았고

교실은 한바탕 소동이 일어났어요.

새아빠가 왔어요.

이런 일이 생길 때면

아빠도 아니고 엄마도 아니고

새아빠가 달려와 나를 데려가요

새아빠한테 이런 모습을 보이는 것이

처음에는 좀 부끄러웠는데 이제는 아주 든든한 맘이에요.

이 맘을 아는 사람은 아무도 없어요.

가끔 너무 좋은 마음에 심술이 나서

'어차피 우린 가족이 아냐, 새아빠는 나랑 상관없는 사람이야.'

그렇게 무심해지려고 애써 노력해요.

'함께 살면 다 가족인 거야.
학교에서는 우리 반이 한 가족이잖아.
지난번에 다른 반 친구가 우리 반 친구 괴롭힐 때,
싸움이 벌어졌던 거 기억나지? 그건 우리가 서로의
마음을 나누기 때문에 가능한 거야.
그러니까 같은 공간에서 의식주를 함께 나누고
일상을 공유하면 그건 가족인 거지. 그러니까
새아빠에 대한 생각을 바꿔보는 건 어떨까?'
새 아빠에 대한 혼란을 본 선생님이
내 맘을 눈치 채고 하는 말인 것 같았어요.
그건 분명히 나를 위한 말이라는 걸 알아차렸어요.

말없이 등을 토닥여 주는 새아빠한테
고마운 마음을 전하고 싶은데.
아니, 너무나 고맙다는 말 한마디 하고 싶은데
용기가 나지 않아요.

'고맙습니다~ 고맙습니다~~ 고맙습니다.'

천둥소리만큼 크고 우렁찬 소리를 새아빠에게 보내지만

이 말을 들을 수 있는 사람은 아무도 없어요.

앞으로도 없을 거예요.

상담 선생님이 전하는
아이들의 진짜 속마음

나비 문신과 판사님

 열대야로 밤새 켜놓은 에어컨 바람이 진득하게 느껴져 근처 공원으로 향했다. 벌써 많은 사람이 산책을 즐기고 있다. 앞서 걷던 반려견이 길고 하얀 털을 나풀거리며 트랙 밖으로 나가더니 한쪽 다리를 들고 슬쩍 일을 본다. 귀엽다. 그 시선 끝에 무궁화꽃이 무성하다.

 "무궁화꽃이 피었네." 혼잣말이다.
 목소리가 너무 컸다는 생각에 놀라서 주변을 두리번거린다.
 지난겨울, 제주에서 만난 동백 숲을 그대로 옮겨 놓은 것 같다.
 얼른 핸드폰을 꺼내 사진을 찍고 검색 버튼을 눌렀다.

 무궁화꽃에 대한 정보가 넘친다. 홑꽃 겹꽃이 있다고?
 그럼 이 꽃은? 사진과 비교해보니 홑꽃이다.
 도란형으로 하얗고 얇은 꽃잎이 다섯 장이고, 줄기 쪽 꽃잎 속에 진하고 붉은 원형의 단심이 있고, 가루가 날릴 듯 수술이 탐스럽다. 그렇군, 무궁화는 여름 꽃이었군, 내 키를 훌쩍 넘긴 크기를 보면 매년 칠월부터 시월까지 이 자리에서 이렇게 찬란하게 피어 있었을 텐데, 어쩌면 단 한 번도 멈춰 서서 진지하게 바라본 적이 없었을까?

무심함에 놀랐다.

"예쁘네." 또 혼자 중얼거린다. 중얼거림이라 하기에는 여전히 목소리가 크다. 다시 주변을 두리번거린다. 아무도 없다. 맘껏 큰소리로 한마디 더 한다. "어쩜 이렇게 예쁘다니." 무궁화꽃에 목소리 톤을 높여 기분 좋게 말하고 걸음을 옮긴다.

아침이면 피기 시작하여 저녁이면 시들고, 밤이 되면 말라 떨어져 버리는 꽃, 그렇게 백여 일 동안, 한그루에서 삼천 송이 이상을 피워 내는 집념의 꽃, 그래서일까? 뜨거운 여름 햇빛에도 지친 기색이 없다. 간간이 불어오는 바람에 흔들리는 그 얇은 꽃잎이 아기 미소 같이 하얗다. 자연의 섭리는 위대하군, 나비 한 마리가 꽃잎 위에 살포시 앉아 날개를 접는다.

나비.

나비 문신을 한 그 아이.

무궁화 꽃잎 위에 앉은 나비가 그 아이의 기억을 불러냈다.

청소년기 아이들의 호기심은 분야가 정해져 있지 않다.

모든 곳에서 빛난다. 요동치는 호르몬과 늘 치열한 전투 중이다.

문신에 관심을 둔 아이도 그랬을 것이다.

힘이 세 보이고 싶은 마음.

친한 친구랑 한편이라는 것을 확인해 보이고 싶은 마음.

그런 마음들을 웬만하면 들키지 않으려고 다른 아이들은 팔목 보호대나 밴드를 붙여 숨기는 데 집중하는데 이 아이는 어쩐지 좀 다르다. 책상에 팔꿈치를 세우고 턱을 괴고 말을 하는가 하면, 머리카락을 쓸어 올려 이마를 짚으며 자꾸만 보이기에 힘쓴다.

손목의 나비 문신은 살아있는 듯 정교했다. 까만 날개 끝에 빨간 점이 눈에 띄게 빛나는 나비 문신은 멋져 보이기까지 했다. 알아봐 주기를 원하는 마음을 읽고 무심한 듯 한마디 건넸다.

"팔에 나비가 있네."

"이거요?"

눈을 내리깔고 부끄러운 듯 나비를 쓸어 보이며 웃는다.

"저요, 방학 동안 보호관찰 판결을 받고 등산학교에 입학했어요. 도봉

산에서 암벽 타고 설악산 등반까지 마쳤거든요. 처음 암벽 탈 때는 진짜 힘들고 무서웠어요. 선생님들이 아무도 도와주지 않을 거라고 해서 설마 했는데 진짜였어요. 신기한 건 혼자 해야 한다고 생각하니까 하게 되더라구요. 지옥같은 설악산 2박 3일 등반이었지만 잊을 수 없는 게 있어요. 다 같이 대피소에서 침낭을 깔고 잤거든요. 그런데 밤하늘의 별이 진짜… 아, 진짜…. 이건 선생님도 봤어야 해요. 그러면 완전 반했을 거예요. 얼마나 반짝이는지 쏟아질 것만 같았어요. 세상에서 그렇게 아름다운 별은 다시 볼 수 없을 거예요. 진짜 잊히지가 않아요."

아직도 그 감동이 가시지 않았는지 두 손바닥을 책상 위에 얹고 왔다 갔다 쓸어 대기를 반복한다.

"그때 많은 생각을 하게 되더라구요. 산에 오르는 것도 이렇게 힘든데 온종일 일만 하는 엄마는 얼마나 힘드실까? 나처럼 잠깐 힘든 거야 쉬면 되는데, 평생 쉬지도 못하고 일만 하는 엄마를 생각하니 마음이 그랬어요. 나도 무언가를 해야 할 것 같았어요. 그래서 가만히 생각해보게 되었거든요. 나는 잘하는 게 뭘까?

그런 생각은 평생 처음이었어요. 돈을 벌려면 공부하는 게 맞는 것 같긴 한데 공부는 너무 늦은 것 같아요. 아무리 생각해도 잘할 수 있는 게 없더라구요. 그래서 걱정이었어요. 가장 행복했던 순간은 마지막 날 숙소에서였어요. 간식타임에 판사님도 같이 계셨거든요. 저희랑 모든 일정을 같이 하셨어요. 처음부터 마지막 밤까지요. 평소에 만날 수 없는 높은 분과 이런 시간을 보낸다는 것이 신기했어요. 법원에서는 엄청 무섭고 냉정했는데 사석에서는 한없이 따뜻하신 거예요. 진짜 우리를 많이 걱정한다는 것이 느껴졌어요. 산에 올라오는 게 힘들었지만 앞으로 살아가면서 오늘 느꼈던 성취감은 오래도록 기억될 거라고 하셨는데 진짜 그럴 것 같아요.

더 감동이었던 건 핸드폰 번호를 알려주면서 용돈 떨어지면 전화하고 오라고 하시는 거예요. 핸드폰 번호까지 알려주는 건 쉬운 일이 아니잖아요. 이제 다시는 법정에서 판사님을 만나지 않을 거예요. 진짜예요."

판사에 대한 아이의 고마움은 진심인 것 같다.

진짜 다시는 법정에 가지 않을 것 같은 표정으로 나비가 그려진 팔을 무릎 위에 얌전히 내려놓는다.

참 멋진 판사님이다.

아이들에게 귀한 시간을 만들어 준 것에 감사했고, 아이들을 걱정하는 좋은 어른이 있다는 것을 알게 해준 것에 감사했다. 얼굴도 이름도 모르는 그 판사님이 큰 울림으로 가슴에 남아 존경스러운 마음이 생겼다.

공원을 한 바퀴 돌아 다시 무궁화 꽃길을 지난다.

바닥이 하얗다. 가만히 보니 꽃송이만 뚝뚝 떨어져서 바닥에 돌돌 말려 있다. 동백꽃도 이렇게 목이 뚝뚝 떨어져 슬펐는데, 무궁화꽃은 마치 염을 해 놓은 것처럼 정갈하다. 스스로 베옷을 입고 얌전히 죽어가는 이 모습 때문에 '섬세하고 미묘한 아름다움'이란 꽃말이 생긴 걸까?

아름다운 죽음!.

베옷 입은 무궁화 꽃길이 뜨거운 여름 햇살 아래 처연하다.

아이의 엄마는 폭력이 심했던 아빠와 헤어지고 마지막 남은 돈으로 포장마차를 샀다. 포장마차는 집이 되었고 일터가 되었다. 몸을 씻을 수 없는 생활환경이라 냄새나는 아이로 놀림당하고 왕따가 되었던 기억은 한겨울 추위만큼 아렸다고 한다. 그래도 "엄마랑 같이 있어서 괜찮았어요." 엄마를 이야기하며 웃는다.

세상의 기준으로는 부족하지만, 아이에게는 우주였던 엄마! 힘든 삶을 포기하지 않고 꿋꿋하게 살아내 준 엄마에게 박수를 보낸다. 길거리에서 잠을 자며 아이를 품에 안고 흘렸을 눈물이⋯ 외로움이⋯ 고통이⋯ 지금은 그때가 추억이었다고 말하는 엄마였으면 좋겠다.

아이 덕분에 행복했었고 아이 덕분에 잘 견뎠노라고 추억하며 지금은 행복한 엄마로 살고 있었으면 좋겠다.

그랬던 아이가 요즘은 잘 사는 집의 아들이었으면 하는 마음에 학교가 싫어졌다고 한다. 지각과 결석을 반복하지만 자퇴는 하지 않겠다는 결심이 고마워 엄마는 아이를 적극 응원한다. 그렇게 자신을 꾸짖지 못하는 엄마가 답답하기도 하고, 부끄럽기도 하다는 말에 내가 괜히 아이 엄마에게 미안해진다. 뭔가 힘이 되는 말을 하고 싶은데 떠오르지 않아서 아이 팔에 있는 호랑나비를 따라 그린다. 아이는 한참 자기 말을 이어가다가 그림을 보더니 "좀 그리시네요."라며 웃는다.

드러난 하얀 이를 따라 양쪽 귀를 가득 메운 피어싱들이 반짝인다. 설악산에서 본 밤 별 만큼이 아닐까 싶다.

아이와 눈이 마주치자 괜히 또 센 척한다.

"아~ 진짜, 선생님들이 저한테 신경 좀 꺼줬으면 좋겠어요, 진짜 짜증나요."

"어쩌니 포기가 안 될 텐데? 여기는 학교잖아. 선생님들은 네가 학교생활에 애정을 더 갖기를 바라는 마음으로 신경쓰고 있거든."

포기가 안 된다는 말이 답답했는지 또 한마디 한다.

"아~ 그래도 나를 좀 내버려 뒀으면 좋겠어요."

짜증 섞인 말투로 손가락을 두두둑 꺾어 보이며 센 형님 눈을 한 아이는 굽히지 않는 당당한 음성을 날리며 자리에서 일어난다. 초콜릿 바를 쥐어주었다. 한 움큼 받아 주머니에 넣는다. 하교 후 아르바이트를 간다는 아이 등에 대고 한마디 한다.

"오토바이 살살 타~. 조심해야 해~"

나는 믿는다.
지금쯤 어디에선가
괴롭힘을 당하는 누군가를 보호하는 건강한 청년이 되어 있다고,
착한 마음의 의리 있는 청년으로 살아가고 있다고,
가난한 친구의 외로움을 나눌 줄 아는 청년으로 살아가고 있다고,
땀 흘려 번 돈 만이 자유를 누릴 수 있다는 것을 아는 청년으로
  살아가고 있다고,

세상 어디에선가 그렇게 살아가고 있다는 것을.

둥지 잃은 참새

 복도 끝을 돌아 멀어져가는 학부모의 뒷모습을 보며 학생의 아버지가 남긴 말이 긴 그림자로 따라가고 있다.
 "솔직히 돈으로 키웠습니다. 그게 최선이었습니다."

 어질러진 책상 위 문서들을 제자리에 놓으며 자리에 앉았다. 산만해진 책상 때문인지 학부모가 남기고 간 말 때문인지 어질어질하다. 대화 내용을 잊기 전에 기록으로 남기려고 좀 전의 기억을 더듬는데 낮게 틀어놓았던 클래식 음악이 이제야 들려온다. 깊게 눌러 긁는 첼로 현의 묵직한 울림이 연필 끝을 흔든다.

 턱. 틱. 툭!!

 "이게 무슨 소리지?"
 고개를 드는 순간 천정에 부딪히는 참새를 보고 깜짝 놀라 자리에서 벌떡 일어났다. 참새다. 열린 창문 사이로 참새가 날아들었다.
"어머, 어머. 이게 무슨 일이야!" 절로 목소리가 커지며 호들갑이다.

툭!

작은 참새는 숨죽인 나를 스쳐 지나 쌩~하니 하늘을 오르듯 날아오르다 천장에 머리를 부딪는다. 이를 어쩐담… 천장에 닿을 만한 기다란 빗자루를 찾아든 사이, 참새는 창문 옆에 세워둔 인조 나무 가지 위에 얌전히 앉는다. 다행이다.

작은 발부리를 얇은 가지 위에 걸고 앉아 고개를 갸웃거리며 나를 바라본다. 참 작다… 몹시 귀엽다… 손바닥에 올려놓고 묻고 싶다.
"넌 어쩌다 여길 오게 된 거니."

난감해하는 나에게는 전혀 관심 없는 참새.
남의 공간에 허락 없이 들어와서는 내 마음을 몽땅 가져간 참새.
심장이 쿵쾅거린다. 마치 연애를 시작한 것처럼 조바심이 난다. 좁은 공간에서 날다 다칠까 걱정스럽기도 하고 다치기 전에 얼른 내보내야 한다는 생각에 마음이 조급하기도 하고, 새가 찾아 들어온 신기한 경험을 좀 더 누리고 싶기도 하고, 알쏭달쏭한 내 맘을 아는지 참새도 작은 몸을 옹송그려 가지 위를 오르락내리락 안절부절못한다.

그 작은 무게에도 플라스틱 인조 나뭇잎들이 뚝뚝 떨어진다.

딱 열 걸음쯤 떨어져서 저 나무를 바라보면 가짜라는 걸 알아차리는 사람은 거의 없다. 진짜 나무랑 똑같아 보이기 때문이다. 허나, 가짜의 모습이 드러나는 데는 긴 시간이 필요치 않듯, 작은 발부리의 감각으로 이미 숨결 없는 나무의 질감을 알아챘을 것이다. 그래서 지금 순간이 참새에게는 아주 무섭고 두려운 시간일지도 모른다.

어서 보내줘야겠다. 얼마나 막막할까. 이곳에 들어올 수 있도록 허용 환경을 만든 것도 참새에게는 폭력이다. 창밖으로 내몰 요량으로 기다란 빗자루를 휘휘 저으며 가짜 나무를 흔들었다. 날개를 퍼덕거리며 놀라 날아오르다 다시 벽에 머리를 부딪는다.
헉!!! 아프겠다. 안 되겠다. 그냥 가만히 기다려야겠다.
휘두르던 빗자루를 내려놓고 참새의 움직임을 살핀다.

몇 해 전,
자살 충동이 높은 학생의 위험 행동으로 학교는 비상이었다. 밤에도 낮에도 높은 곳에 불쑥 올라가 앉아 있는 아이에게 자극을 최소화하는 방법으로 모든 창문에 안전바를 설치하고 하교 시간까지 꼭꼭 잠그고 지냈어야 했다.

  그 아이가 무사히 졸업한 후 창문은 활짝 열렸다. 그런데 이 녀석 졸업 후 한 해를 넘기고 찾아왔다. 샛노란 머리에 시원스런 복장을 하고 큰소리로 "선생님"을 부르며 달려와 안겼는데 덥석 안아 놓고도 누군지 몰랐다. 해맑게 웃는 얼굴을 가까이에서 확인한 후에야 말을 잇지 못하는 나를 보며 하는 말이, "선생님 저도 그때는 왜 그랬는지 모르겠어요." 남 이야기인 듯 자연스런 애교를 부렸다.
  "지금 저랑 대학 생활 같이하는 친구들은 예전의 제 모습을 이야기해도 믿지 못해요. 지금은 완전 좋아요."

  그 미소는 참 오묘한 기분이었다. 아이의 아픔이 회복되길 바라는 마음으로 불편함을 함께 견뎌준 많은 학생, 사춘기 청소년의 방황을 가슴 졸이며 지켜본 선생님들의 응원이 녹아 있는 미소가 아닐까 싶었다.

  산골에서 자라서인지 닫힌 공간은 지독히도 답답하다. 그 답답한 느낌이 싫어서 방충망까지 열어두는 습관은 여름철 가족들과의 갈등 요인이기도 하다. 그럼에도 고쳐야겠다는 생각은 없었는데 때 아닌 참새 손님을 맞이하고 나니 생각이 좀 달라진다. 이 좁은 공간에서 벗어나려 발버둥 치며 날아다니다가 상처를 입기라도 하면, 저 작은 몸이 부서지기라도 한다면, 질끈 눈이 감긴다. 내 의지와 상관없는 폭력의 방관자가 되고 싶지 않다. 이제부터 방충망을 꼭 닫아야겠다고 생각하며 창가로 갔다.

그런데 뭔가 달라 보인다. 창밖이 환해졌다.
허리를 숙여 머리를 안전바 사이에 넣고 두리번거린다.
앗!
나무가 없어졌다. 이곳 위까지 높이 솟아 있던 여리고 푸른 나뭇잎이 보이지 않는다. 다시 한번 고개를 쭉 내밀어 아래를 살폈다. 아직 숨 쉬고 있는 듯 샛노랗게 둥근 나무 밑동만 덩그러니 눈에 들어온다. 이게 어찌 된 일일까? 학교가 지어지면서 같이 심어졌고 이십 년이 넘도록 함께 자라온 나무가 하루아침에 없어지다니 심장이 동그란 나뭇등걸에 쿵 떨어졌다.

그 사이 참새는 다시 한 번 날갯짓을 한다. 벌써 높이 날면 위험하다는 것을 알아차렸는지 낮게 비틀거리며 날아다닌다. 그렇게 작은 원을 몇 번 그리더니 창문 사이로 획 날아간다. 들어올 때도 획 들어오더니 나갈 때도 휙 순식간에 나가 버렸다.

그래그래, 네가 있어야 할 곳, 너의 자리로 가야지.
일부일처제로 짝꿍이 되어 늘 둘이 같이 다니며 몇 년이고 산다고 들었는데 어쩌다가 짝을 잃고 이곳에 혼자 들어오게 됐었는지, 어서어서 짝 찾으러 가야지….
잠깐이었지만 참새와의 시간은 꿈인 듯 신기하다. 그 자리에 서서 하늘을 본다. 바람이 분다. 아이들이 쏟아 놓고 간 슬픔과 아픔을 받아 안고 창가에 서서 내뱉던 까만 호흡을 말없이 받아 준 나의 위로자, 그 큰 나무는 이제 없다.

인디언들의 생명 의식이 부러워진다.
"이 나무는 학교가 세워진 이십여 년 동안 우리와 함께했습니다. 함께 보낸 시간 동안 행복했지만 나무를 베어야 하는 이유는 이렇습니다. 모과 열매가 뚝뚝 떨어져서 나무 아래 주차된 차량이 파손되는 사례가 자주 발생함으로 그 피해를 최소화하기 위해 이곳의 나무를 모두 베어내기로 결정했습니다. 그동안 함께 자라줘서 고마웠습니다."
나무에게 손을 대고 마지막 인사라도 같이 나눌 수 있었더라면 얼마나 좋았을까. 인디언들이 생각하는 것처럼 나무에게도 혼이 있다면 갑자기 쓱 잘려졌을 때 얼마나 당황스러웠을까? 그 잔인함에 소름이 오른다.

휑한 마음을 창가에 두고 다시 자리에 앉아 멈췄던 기록지를 폈었다. 흐르는 첼로 선율에 펜을 맡기고 다시 상담 내용을 회상한다.

참지만 말고, 하고 싶은 말은 하세요

토요일 아침,

열린 창문 사이로 햇살이 흩어진다. 눈이 부시다.

다시 눈을 감았다.

햇살은 감은 눈 사이로 경쾌한 피아노 선율을 감고 허공으로 흩어진다. 알람 소리의 노래도 따라 흩어진다. 마치 이른 새벽 풀잎에 맺힌 동그란 이슬방울을 이리저리 굴리고 다니는 바람 같다.

핸드폰 알람을 껐다.

모든 것으로부터 단절된 시간은 자유이고 행복이다.

평화…

아무것도 하지 않을 자유, 아무것도 생각하지 않을 자유,

무엇이든 다 할 수 있는 자유, 온전히 나만을 위한 시간,

가끔 이 달콤한 시간을 나눠 누리는 친구가 있다. 현관을 나서면

5분 거리에 사는 성쌤. 직장동료인 듯, 친구인 듯, 반말 반, 존대 반으로 대화를 나누지만, 불쑥 휴지 한 장 내밀며 "눈곱 좀 떼."라고 말해도 부끄럽지 않은 친구, 어쩌다가 발 디딜 틈 없는 난장 상태의 집을 방문했더라도 킥킥거리며 커피 한잔 나눠 마시는 친구, 생각해보니 나에게 그런 엄청난 친구가 있다.

그 친구가 새벽녘에 메시지를 남겨 놓았다.

'쌤, 나 너무 무서워요, 그동안 내 옆에 있어 줘서 고마워요.'

마치 유서를 쓰듯 남긴 메시지에 잠이 확 달아나서 생각이 많았던 밤이다.

"쌤… 나는….

자꾸 새벽에 깨서 뭔가를 먹고 있어요.

자꾸 새벽에 깨서 드라마를 보고 있어요.

자꾸 새벽에 깨서 쓸데없는 생각을 해요.

이거 갱년기 맞죠?

이놈의 갱년기 우리 완전 미친 것 같지 않아요?"

깔깔대던 순간이 스쳐갔다.

그냥 갱년기의 아우성이면 좋으련만 메시지의 깊이가 예사롭지 않게 느껴져 더 이상 누워 있기가 불편해졌다. 이런 나를 보고 있기라도

한 듯

'쌤 일어났어요?'

딱 한 줄의 메시지가 핸드폰 창으로 지나간다.

일어났어요?는 커피 마시러 갈까요?로 해석되는 우리만의 신호다. 어느 날, 저녁 산책 중 발견한 동네 카페의 아기자기함이 따뜻했다. 몇 해 전 어느 여행지에서 사 온 잔 꽃 가득 화사한 우리 집 커피 잔과 똑같은 것도 좋았고, 단아한 주인의 섬세한 말씨도 좋았고, 정성을 다해 로스팅을 할 것 같은 친절함도 좋았다.

그렇게 갓 내려진 커피 맛을 보는 순간 동그래진 눈빛을 교환한 후부터 우리의 힐링 장소가 되어버렸다.

물 한 컵을 받아 들고 건너편 아파트를 올려다본다.

17층에 성샘이 있다. 분명 새벽에 일어나 청소를 말끔히 하고 지금쯤 지쳐 있을 분주함에 한숨이 난다. 아무리 몸이 아파도 청소로 하루를 시작하는 그 이상한 법을 거르는 날이 없다. 절대 청소하기를 포기하지 못한다. 그리고 보니 청소하기를 포기 안 하는 게 아니라 못하는 게 맞는 것 같다. 맘이 많이 복잡해 있을 샘이 신경 쓰여서 대충 머리를 올려 묶고 집을 나섰다. 출발 메시지를 넣었다.

슬퍼도 자고, 화가 나도 자고, 외로워도 자고, 힘들어도 자는 나를 신생아냐고 놀려대면서 메시지 끝엔 늘 '꼼지락거리지 말고 빨리 나오세요,' 그랬는데 오늘은 뒷말이 없다. 벌써 집을 나왔다는 걸 알게 되면 엄청 대견해 할 것이다.

아침 바람이 상큼하다.

봄꽃이 말라붙은 나뭇가지 사이를 여름 바람이 흔들고 지나간다. 하얀 운동화 끈이 덩달아 바쁜 걸음에 맞춰 또각거린다.

길모퉁이에 새로 생긴 커피숍이 눈에 들어온다.

오렌지색 간판이 오늘따라 더 산뜻하다. 두 평 남짓한 공간에 커피숍이 생긴다는 현수막과 함께 인테리어를 시작할 때 이렇게 소박한 커피숍이라니, 어떤 주인일까 궁금했다. 아이 양육으로 경력 단절을 불안해하는 젊은 엄마의 시작일까? 아니면 건물주를 부모님으로 둔 젊은 청년의 호사한 출발일까. 상상과 달리 통유리 안 주인은 샤프한 중년 남자였다. 참 의아했다. 그 주인이 가게 앞을 쓸고 있다. 오랜만에 보는 비질하는 풍경이 정겹다. 문득 커피 맛이 궁금해진다.

부지런한 성샘은 벌써 횡단보도 건너편까지 와서 손을 든다.

다른 때 같았으면 번쩍 든 팔을 양옆으로 흔들어 줄 텐데 오늘은 손을 번쩍 들기만 한다. 약간 느낌이 달라진 성샘 뒤로 시원한 물 분수가 대신 힘차게 차오른다.

늘 남을 먼저 생각하는 사람.
급한 도움이 필요할 때 떠올려지는 사람.
남의 일을 내 일처럼 최선을 다해 돕는 사람.
다른 사람이 상처받을까 봐 불편한 감정을 표현 못하는 사람.
그 고운 마음을 만만하게 보고 함부로 대하는 어떤 분 때문에 어질어질했다던 며칠 전 수다가 생각나서 맘이 짠하다.

학교는 따뜻한 곳이었으면 좋겠다.
인격적이고 인간적인 향기가 흐르는 안전한 곳일 거라는 기대가 맞아떨어지는 곳이었으면 좋겠다. 존중이 몸에 익은 성숙함으로 사랑이 넘치는 곳이었으면 좋겠다. 지식을 겸비한 사람들이 모여 일하는 곳으로 인격적 소통이 이루어지는 곳이었으면 좋겠다.
이 모든 것이 가능할 것 같지만 여러 사람이 일하는 곳에는 배움의 깊이와 관계없이 다양한 인성이 발현된다. 그러니까 성샘의 그 어떤 분은 결국 어느 곳에나 존재하는 사람인 것이다.

신분을 잊은 언행, 지위를 가늠하기 부끄러운 어휘, 아무 말 대잔치로 자신의 존재감을 높이고, 배운 척하는 그 위선. 그런 사람에게 당하고 있는 샘을 보니 내가 더 수치스럽게 느껴진다. 뿌리 깊은 권력과 불합리한 권위를 누리는 사람, 모멸감을 주다가도 다른 사람 앞에서는 친절한 동료인 척하는 그의 행동은 엽기영화의 한 장면 같아 소름이 돋는다.

"왜 바보같이 당하고만 있냐"고, 소리를 질러대며 화를 내봐도 소용이 없다. 그런 사람에게는 예의 지킬 필요 없다고 고함을 쳐봐도 괜찮다며 달라지지 않는다. 아니 시도조차 하지 않는다. "뭐 하러 여러 사람 불편하게 해요. 일 크게 만들고 싶지 않아요."라며 참기만 한다. 그래서 자꾸만 아픈 것 같아 엄청 속상하다.

어제 오후, 손목을 그은 학생을 만난 후 가만히 숨 고르기를 하고 있는데 전화가 왔다. 전화를 받자마자 엉엉 운다.
"무슨 일이야 쌤." 놀라서 물었지만 대답도 못하고 울기만 했다. 그러면서 간간이 무슨 '균에 감염이 되어서 얼마 살지 못한다'는 이야기였는데 뒷말은 내 귀에 들어오지 않았다. 그냥 '엄청난 병에 걸렸구나.'라는 생각에 심란한 마음이었다. 어쩌면 자세히 알고 싶지 않았는지도 모른다. 이제야 발걸음을 맞춰서 차분히 듣게 되었다.

"마이코박테리움 아비움 복합체균에 감염되었대요, 갑상선암 수술 이후 정기검사를 받고 있는데 폐에 이상이 발견되어 정밀 검사를 했거든요. 이 균은 하천, 수돗물, 토양 등 자연환경에 널리 분포하며, 온수 샤워 시 수증기에도 섞여 있는 누구에게나 매일 노출되는 균 중 하나라는 거예요. 그렇게 일상생활 중에 떠돌아다니는 가장 흔한 병인데 치료제가 없대요, 병원성이 낮고 사람 사이 전염이 없다 보니 다른 균에 비해 덜 알려져 있는데 일부 환자는 병의 진행 경과가 빨라 치료하지 않고 방치하면 1~2년 이내 폐가 망가져 사망에 이르는 경우도 있대요. 너무 무서워요."

1~2년 이내 폐가 망가져 사망에 이를 수도 있다고, 의사가 그걸 강조했는지, 샘이 그 말만 들었는지 그 부분만 몇 번을 더 강조해서 말한다. 위로가 될 말을 찾지만 아득하기만 하다. 좀 더 알아보자는 말 밖에 떠오르는 말이 없다. 잠은 좀 잤는지를 물었을 뿐인데 벌써 눈물이 흘렀다.

"다 괜찮은데 병원에 오래 입원해 있으면서 아플까 봐 그게 너무 무서워요, 가족들 힘들게 할까 봐요."

"아니, 무슨 당장 죽을 것도 아닌데 벌써 그런 생각을 하는 거예요. 그리고 샘은 그렇게 쉽게 안 아파요. 지금도 아픈 줄 모르잖아요. 일단 잘 먹고 잘 자고 잘 쉬면서 방법을 같이 찾아봐요. 그러니까 이제 좀 좋은 게 좋은 거라고 참지만 말고, 하고 싶은 말 좀 하고…" 잔소리가 시작되자 나를 보고 슬쩍 웃는다.

커피 식겠다며 커피 잔을 잡는다.

난 안다.

삼키지도 못할 커피 잔을 들었다는 것을.

동글이 선생님

출근길. 늘 똑같은 길, 똑같은 시간,
똑같은 라디오 방송. 흐르는 노래에 마음이 멈췄다.

네모난 침대에서 일어나 눈을 떠 보면,
네모난 창문으로 보이는 똑같은 풍경.

— 〈네모의 꿈〉 화이트

아, 이 노래, 노찾사 '유월의 노래' 녹음을 위해 연습실로 가던 1997년의 어느 날, 시내 도로 위 어디쯤에선가 라디오에서 흘러 내 맘에 쏙 들어왔던 노래, 가사가 재밌어서 몰입해서 듣게 되었고 신기해서 따라 하다 보니 저절로 외워졌던 노래이다. 추억에 젖어 즐거운 사이 벌써 학교 주차장이다. 얌전히 차를 세우고 노래가 끝나기를 기다린다.

네모난 학교에 들어서면, 또 네모난 교실 네모난 칠판과 책상들

… 지구본을 보면 우리 사는 지군 둥근데, 부속품들은 왜 다 온통 네모난 건지 몰라. 어쩌면 그건 네모의 꿈일지 몰라~

어쩜, 여전히 재밌네, 웃음을 네모 유리창에 건네며, 네모 가방을 챙겨 들고, 네모 보도블록을 밟는다. 신발도 네모였다면? 상상 속 네모 신발이 귀여워 등교하는 아이들의 하얀 실내화를 네모로 바꿔본다. 그리고는 아이 표정에 어울리는 색을 골라 알록달록 칠해보며 오늘 만나게 될 아이의 마음 색깔을 상상한다.

현관을 들어서자 들려오는 선명하고 유쾌한 목소리, 동글이 선생님이다. 눈 비비며 등교하는 아이들을 환대하는 아침 인사가 복도 가득 화사하다. 신발 끝만 바라보거나, 핸드폰을 보며 걷는 무심한 아이들의 시선이 선생님에게로 향한다. 그렇게 아이들과 눈을 맞추고, 이름을 불러주고, 특별한 관심이 필요한 아이에게는 좀 더 지긋한 다정함으로 아침 감정을 읽어 준다. 동글이 선생님은 이렇게 권위를 내려놓고 존중과 환대로 모두에게 스며든다.

선생님이 처음 발령받아 오게 된 날, 아이들을 대하는 태도가 아름다웠다. 그동안 만난 교사에게서 볼 수 없었던 모습이라 당황스럽기도 했다. 그런 선생님의 존중과 환대가 오래 지속되길 바라는 마음과 얼마 안 가 곧 지칠 것이라는 생각에 지속되는 기간을 남몰래 손가락을 세어보았다. 한 달이 가고, 두 달이 가고, 일 년이 지난 어느 날, 접던 손가락을 풀었다. 일상이었고, 인품이었다. 그렇게 동글이 선생님은 내가 만난 가장 아름다운 교사로 내 마음속 선생님이 되었다. 그때의 선생님 교실을 생각해본다.

선생님 교실은 안전하다.
아이들의 감정은 예측이 어렵다. 여럿이 불편한 감정을 드러낼 때면 혼돈의 세상이 따로 없다. 급식 줄을 새치기했다는 이유로 친구를 때린 아이, 새치기는 규칙 위반이니 때린 행동은 잘못이 아니라고 사과할 수 없다는 아이, 절친이 뒷담화했다며 조용히 교실을 나가 말없이 집으로 가버리는 아이, 모둠 활동에서 의견이 무시되었다고 책상을 뒤집어 모두를 놀라게 하는 아이, 이런 섬뜩한 상황에서도 선생님은 여유 있는 감정선을 지키며, 서로를 비난하지 않는 방법을 잘도 찾아낸다. 덕분에 불편한 감정으로 거친 시간을 보낸 아이들은 곧 자신의 감정을 말로 표현하는 방법을 배워 알게 되고, 평화를 위한 학급의 규칙을 몸에 익혀 교실은 그야말로 안전한 베이스캠프가 된다.

선생님 교실은 서로를 존중한다.

돈이 곧 힘인 세상에서 하루를 버티며 살아가는 부모를 대신해 마음으로 아이들을 챙긴다. 계절이 바뀐 추운 날 맨발이 되어 나타난 아이에게는 산타할아버지처럼 슬쩍 양말을 신긴다.

그렇게 시린 발을 만져주는 배려는 챙김 받는 아이만 알 수 있다. 슬쩍, 그래서 친구들에게 부끄럽고 자존심 상할 일이 없다.

발표가 무서워 눈물 나는 아이도, 어쩌다 장난꾸러기가 되어 교실 물건을 깨뜨리는 실수를 하는 아이도, 존중받아본 경험이 없어 다소 거친 말과 모두를 만만하게 여기는 거만한 아이도, 시간이 흐르면 어느새 선생님을 닮아 있다. 영어 학원에 다니지 않아도, 바이올린을 배우지 않아도, 비싼 옷을 입지 않아도 다 같이 어울리는 공기놀이는 즐겁다. 이런 선생님의 존중은 편견 없는 사랑으로 스스로의 변화를 경험하게 돕는다. 스스로 변화가 가능하다는 것을 알게 되면 자신을 존중하고 친구를 존중하게 된다.

선생님 교실은 따뜻한 언어가 있다.

따뜻한 언어는 마음을 살린다. 상처받은 맘에는 칼에 베인 날 선 말이 숨어 있다. 말의 상처를 잊지 못하는 아이가 있다.

"초등학교 4학년 때 운동장 체육 시간이었는데요, 친구가 슬쩍 밀었는지 제가 장난을 치다 밀린 건지 다리가 접히면서 돌멩이에 무릎이 부딪힌 적이 있었어요. 엄청 아팠거든요. 통증은 점점 심해졌고, 결국 엄마랑 병원에 갔더니 인대 파열로 입원 수술을 해야 한다는 거예요. 엄마는 저에게 '많이 아팠을 텐데 선생님한테 말하고 얼른 보건실에 가지 이렇게 오래 참았니?'라고 하셨어요. 엄마 말에 대답을 못 했어요. 선생님이 '아픈 건 네가 알아서 하고 뛰어.'라고 하셨거든요. 그땐 진짜 지금 생각해도 너무 화가 나요. 그래서 저는 선생님들을 좀 믿기가 어려워요."

이런 기억은 그 아이 혼자였으면 좋겠다. 지금도 어딘가에서 아이들을 가르치고 있을 그 선생님을 생각하면 아찔하다.

동글이 선생님이었다면 그 아픈 기억도 추억일 수 있었을 텐데…. 동글동글한 선생님의 말씨 덕분에 다소 엄격한 규칙과 규율도 저절로 자연스럽게 스며든다. 그것은 서로를 위한 배려로 서로를 성장시키는 살아있는 따뜻한 언어가 된다.

선생님 교실은 평등하다.
얼마 전 독일에 사는 친구와 이야기를 나누다 부러운 현실을 마주했다.

"독일의 공립학교에서 일하는 사람은 독일 정부로부터 급여를 받아, 수위실에서 일하는 사람이든, 사무실에서 일하는 사람이든, 교사든 모두 정부로부터 급여를 받는데, 이들이 받는 급여가 적지 않아. 아이들이 교과서를 통해 배우는 게 다가 아니라, 학교라는 틀 안에서 마주치는 사람들이 모두 아이들 교육에 영향을 끼친다는 독일인들의 사고가 바탕에 깔려 있는 것 같아."

– 『인간이라는 단 하나의 이유』 김지혜, 파람북, 2019년

사회가 먼저 차별 없는 구조를 만들어 주는 날이 온다면 얼마나 좋을까. 그렇다고 사회구조가 바뀌면 학교문화도 바뀔 수 있을까? 권위를 내려놓는, 차별이 없는, 서로가 서로를 존중하는, 그런 학교가 될 수 있기를 바라본다.

당연한 것이 당연하지 않은 세상에서, 평등을 누릴 권리를 배우는 곳이 학교였으면 좋겠다. 이런 현실에서 이미 오래전부터 독일의 공립학교 선생님이 부럽지 않게, 동글이 선생님은 학교 안에 있는 모든 직종의 근무자를 동등한 시선으로 마주한다. 그런 시선이 아이들에게 스며들어서 평등은 자연스러운 모두의 권리로 서로를 존중하고, 서로의 존중만이 평등한 교실을 만든다는 것을 느끼는 아이들로 성장하도록 돕는다. 그곳이 동글이 선생님의 교실이다.

선생님 교실은 웃음이 있다.

카리스마charisma는 '많은 사람을 휘어잡거나 심복하게 하는 능력이나 자질'의 사전적 의미와 기본의미로는 신이 사랑으로 베푸는, 은총 없이는 발현되기 어려운 에너지라고 한다. 그렇다. 선생님에게는 카리스마가 있다. 그것은 선생님의 부탁이나 지시를 거절하기 어려운 신기한 힘으로도 알 수 있다. 그래서 카리스마는 신이 주신 선물이 아니고서는 발휘되기 어렵다. 거절이 어려운 자연스러운 힘, 존중과 환대에서 비롯된 사랑, 그 사랑으로 아이들이 행복한, 동글이 선생님의 교실이다.

우리나라 직업 선호도 조사에서 매년 상위에 있는 직업 중 하나가 교사다. 변화 많은 세상에서 아직도 교사는 충분히 매력적인 직업임이 틀림없다. 정년이 보장되는 안정성과 수입, 학교가 주는 절대적인 힘도 한몫할 것이다. 그렇게 가르치는 전문성을 검증받았음에도 불구하고 교사 고유영역이 발휘되는 수업 시간에 엎드려 자는 학생들이 늘어나는 것은 전문성에 의문을 품게 되는 대목이기도 하다. 물론, 잠을 자는 이유가 수업방식에 대한 저항만은 아닐지라도 지식 전달 방식에 의한 지루함이라면 고민이 필요한 지점이 아닐 수 없다.

지금 학교는 심한 몸살을 앓고 있다.

착실하게 입시를 준비하는 아이도, 하교 후 학원에서 미래를 준비하는 아이도, 네모난 책상을 대부분 수면 도구로만 사용하는 아이도, 학생 지도에 최선의 방법을 끊임없이 고민하지만, 앞이 보이지 않는 교사도 갑갑하기는 마찬가지일 것이다.

그럼에도 불구하고, 미래의 주인공을 가르치는 중심은 교사일 수밖에 없다. 교사가 교사의 자리에 있을 때 아이들은 더 좋은 교육을 받을 권리를 누릴 수 있게 될 것이고, 사회는 그 권리를 맘껏 누리는 청소년들로 건강한 꿈을 꾸는 세상이 될 것이다.

그때 학교는, 동글이 선생님을 닮아 동글동글해진 아이들과 그렇게 호흡을 나누는 네모난 교실은 서로의 자유이고 희망일 것이다.

추천사

유연이 선생님의 사랑 노래

고석근(작가, 인문학 강사)

요즘 아이들이 무서워 명예퇴직하는 선생님들이 많다. 공기업에 다니다 교직에 들어오신 한 선생님은 아이들이 과거 직장의 상사로 보인다고 했다. 얼마나 끔찍한가! 스승의 눈에 제자가 직장의 상사로 보이다니! 이게 우리 교육의 무서운 현실일 것이다.

스승과 제자, 얼마나 아름다운 관계인가!
이 관계가 망가지면, 우리의 삶 전체가 망가질 것이다.

그러면 이 무서운 현실을 누가 바꾸어야 할 것인가?
스승님들이다. 아이들은 아직 세상을 잘 모른다.

아이들은 겉으로 보면 야수 같다. 스승님들에게 욕설을 퍼붓고 마구

주먹을 날리고 발길질을 한다. 하지만 그들은 원래 '왕자'였다. 인간은 누구나 고귀한 존재다. 그들에게 사랑만 주면 그들은 원래의 모습으로 되돌아온다.

아름다운 유연이 선생님의 원고를 받고 첫 장을 펼치자 가슴이 울컥했다. '아픈 학교 슬픈 아이들.' 아이는 어른의 아버지다. 아이들은 부모님들의 마음을 잘 알고 있다. 선생님들의 마음도 잘 알고 있다. 그들이 야수가 된 건, 사랑을 받지 못해서다. 우리는 아이들의 겉으로 드러난 행동이 아닌 속마음을 보아야 한다.

유연이 선생님은 '노래하면 행복하고 / 바람에 흔들리는 나뭇잎을 / 고개 들어 바라볼 줄 아는' 분이시다. 사랑은 주고 싶다고 줄 수 있는 게 아니다. 사랑은 아무나 할 수 있는 게 아니다. 아름다운 마음이 있어야 한다. 스스로 불타는 태양처럼, 스스로 불어가는 바람처럼, 스스로 흘러가는 개울물처럼, 스스로 노래할 줄 알아야 한다.

전화 소리에 깜짝 놀라서 일어났어요.
엄마 전화예요.
우리 엄마는 내가 학교에서 돌아오기 전에

일하러 가시고 내가 잠들어 있는

새벽이 되어야만 집으로 돌아오세요.

가끔은 오늘처럼

내가 혼자 일어나서 학교에 가야 해요.

아빠가 없어지고 난 다음부터

엄마는 계속 일만 해요.

(…)

아침을 먹어야 해요.

전기포트에 물을 담고 스위치를 올리면 끝이에요.

아, 컵라면 냄새는 진짜 최고예요.

꼭 엄마 냄새 같아요.

– 〈혼자 일어나서 학교에 가야 해요〉 부분

이 아이를 바라보는 유연이 선생님의 눈빛은 어땠을까?

하늘의 태양처럼, 달처럼, 별처럼 빛났을 것이다.

아주 오래전 인류가 원시생활을 할 때, 전체 부족사회가 하나의 가족이었다. 아이들에게 어른들은 다 부모님이었다. 그래서 부모를 잃은 아이들도 외롭지 않았다. 지금은 부모님이 계시지 않으면, 아이들은 하루아침에 외톨이가 된다. '한 아이를 키우려면 온 마을이 필요하다'는 아프리카 속담이 있다. 우리 사회 전체가 함께 아이들을 돌보아야 한다.

그런데 우리의 현재 모습은 어떤가?

엄마는 더 이상 가족들
밥상을 차리지 않겠다고 하셨어요.
그래서 우리 집은 각자 알아서 밥을 차려 먹어요.
– 〈우리 집은 각자 알아서 밥을 먹어요〉 부분

가족도 이제 식구(食口)가 아니다. 밥상공동체도 사라졌다. 우리는 다른 사람들과 함께 식당에 가도 각자 핸드폰을 보며 따로 밥을 먹는다.

개미 엉덩이를 천천히 따라가기 시작했어요.

한참을 따라다니다 보니 바닥에 신기한 모양이 그려졌어요.

꼭, 지도 같아요.

우리나라 지도를 완성하면

엄마가 나를 동생처럼 예뻐해 주실까?

- 〈나는 항상 대화를 기다려요〉 부분

아이들이 간절히 바라는 건, 사랑이다. 그런데 아이들이 이 간절히 바라는 사랑을 끝내 받지 못하면 어떻게 될까?

본래의 마음, 본성(本性)을 잃어가게 된다. 악(惡)한 마음이 되어간다. 악한 마음은 본래의 마음을 잃은 마음, 두 번째(亞)의 마음(心)이다.

엄마랑 아빠도 싸우고/ 누나랑 엄마도 싸우고/

아빠랑 누나도 싸우고/ 누나랑 나랑도 싸워요/

아무튼 대화의 끝은 늘 싸움인 것 같아요.

- 〈돈이 많았으면 좋겠어요〉 부분

악한 마음들은 서로 싸우게 된다. 본래의 마음을 회복할 때까지 우리는 계속 싸워야 한다.

> 나는 로봇 같아요./ 아니 로봇이었으면 좋겠어요.
> 그럼 지금처럼 속상하진 않을 테니까요.
>
> **– 〈차라리 로봇이었으면 좋겠어요〉 부분**

인간은 더 나은 인간으로 진화하지 못할 때, 살아남기 위해 더 나쁜 인간, 나아가 더 나쁜 존재로 퇴화한다.

> 이상하죠?/ 미친 듯이
> 물어뜯고 싸워야 속이 시원해져요.
>
> **– 〈짐승같이 싸워야 속이 시원해져요〉 부분**

우리 사회 곳곳에서 출몰하는 악마들, 그들은 '짐승같이 싸워야' 살아갈 수 있는 존재가 되었다.

유연이 선생님은 이런 아이들에게 희망이다. 마법사다.

일주일에 한 번, 두 시간씩, 아이들과 노래를 부른다. 분주한 일상을 좀 정리해야 하는 상황에서도 아이들과의 노래는 포기가 어렵다. 생김도 다르고 목소리도 다르고 사는 곳도 다른 아이들의 함성, 기쁨, 절망, 그것은 평화, 그것은 행복이다. 설명이 어려운 희열이다.

– 〈나의 오지랖〉 부분

　선생님, 진짜 너무 놀라워요. 지난번에 의뢰했던 우리반 아이 있잖아요, 완전히 달라졌어요. 그 아이가 요즘 반 분위기를 얼마나 행복하게 만들어 주는지 몰라요. 선생님께서 마법처럼 아이를 변화시켜 주셨어요.

– 〈녹음해도 되겠습니까?〉 부분

　유연이 선생님은 처절한 우리 교육의 현실을 담담하게 보여주며, 희망은 우리가 만들어가는 것이라며 끝을 맺는다.

　지금 우리의 학교는 심한 몸살을 앓고 있다. 착실하게 입시를 준비하는 아이도, 하교 후 학원에서 미래를 준비하는 아이도, 네모난 책상을 대부분 수면 도구로만 사용하는 아이도, 학생 지도에 최선의 방법을 끊임없이 고민하지만 앞이 보이지 않는 교사도 갑갑하기는 마찬가지일 것이다. 그럼에도 불구하고, 미래의 주인공을 가르치는 중심은 교사일 수밖에 없다. 교사가 교사의 자리에 있을 때 아이들은 더 좋은 교육을 받을 권리를 누릴 수 있게 될 것이고, 사회는 그 권리를 맘껏 누리는 청소년들로 건강한 꿈을 꾸는 세상이 될 것이다.

– 〈동글이 선생님〉 부분

유연이 선생님과의 인연은 20여 년이 넘었다. ㅍ문화센터에서 강사로 만나 지금은 함께 글쓰기를 하고 있다.

유연이 선생님의 아름다운 사랑의 노래가 널리 널리 퍼져 가기를, 그래서 이 세상에 사랑의 노래가 가득하기를 간절히 빈다.